맛있는 과학

디스커버리 에듀케이션
맛있는 과학 – 47 질병과 건강

1판 1쇄 발행 | 2012. 8. 3.
1판 4쇄 발행 | 2018. 3. 11.

발행처 김영사
발행인 고세규
등록번호 제 406-2003-036호
등록일자 1979. 5. 17.
주　소 경기도 파주시 문발로 197(우10881)
전　화 마케팅부 031-955-3102 편집부 031-955-3113~20
팩　스 031-955-3111

Photo copyright©Discovery Education, 2011
Korean copyright©Gimm-Young Publishers, Inc., Discovery Education Korea Funnybooks, 2012

값은 표지에 있습니다.
ISBN 978-89-349-5851-2 64400
ISBN 978-89-349-5254-1 (세트)

좋은 독자가 좋은 책을 만듭니다. 김영사는 독자 여러분의 의견에 항상 귀 기울이고 있습니다.
독자의견전화 031-955-3139 | 전자우편 book@gimmyoung.com | 홈페이지 www.gimmyoungjr.com
어린이들의 책놀이터 cafe.naver.com/gimmyoungjr | 드림365 cafe.naver.com/dreem365

어린이제품 안전특별법에 의한 표시사항
제품명 도서　제조년월일 2018년 3월 11일　제조사명 김영사　주소 10881 경기도 파주시 문발로 197
전화번호 031-955-3100　제조국명 대한민국　⚠주의 책 모서리에 찍히거나 책장에 베이지 않게 조심하세요.

최고의 어린이 과학 콘텐츠
디스커버리 에듀케이션 정식 계약판!

Discovery Education

맛있는 과학

47 | 질병과 건강

민주영 글 | 윤지 그림 | 류지윤 외 감수

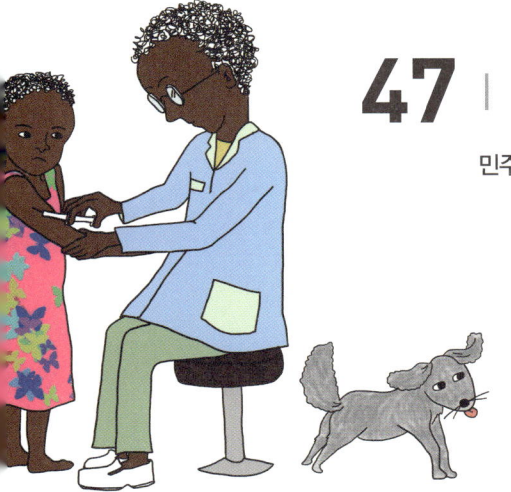

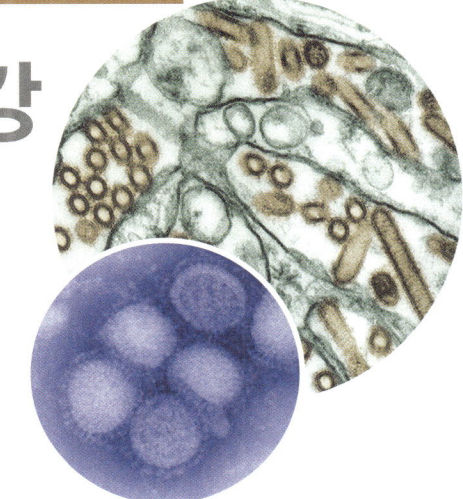

주니어김영사

1. 호흡기 질병

감기와 독감 8
- TIP 요건 몰랐지? 조류 독감 13

천식과 비염 그리고 기흉 14
중이염과 후두염 19
- TIP 요건 몰랐지? 나쁜 영향을 끼치는 담배 21
- Q&A 꼭 알고 넘어가자! 24

2. 호르몬 질병

거인증과 소인증 26
- TIP 요건 몰랐지? 키 크고 싶어요 27

당뇨병 28
- TIP 요건 몰랐지? 당뇨병의 종류 31

갑상샘 질병 32
- TIP 요건 몰랐지? 환경 호르몬 35

불임 36
조로증 38
- Q&A 꼭 알고 넘어가자! 40

3. 혈관계 질병

심방·심실중격 결손증과 심장 판막증 44
동맥 경화와 심근 경색 47
- TIP 요건 몰랐지? 정상 혈압이란 무엇일까요? 51

뇌졸중 52
위염 54
변비 56
　Q&A 꼭 알고 넘어가자! 58

4. 피부 질병

아토피성 피부염 62
　TIP 요건 몰랐지? 우리나라에서의 아토피성 피부염 65

수두와 대상 포진 66
　TIP 요건 몰랐지? 예방 접종과 백신 69

농가진 70
　TIP 요건 몰랐지? 바이러스의 발견 72
　Q&A 꼭 알고 넘어가자! 74

5. 그 밖의 질병

장염 78
볼거리 80
뇌사와 식물인간 82
　TIP 요건 몰랐지? 뇌사는 살아 있는 상태인가요? 84
알츠하이머 85
　TIP 요건 몰랐지? 어떻게 기억할까요? 87
방광염 88
　TIP 요건 몰랐지? 약물의 특성 92
눈병 93
　Q&A 꼭 알고 넘어가자! 94

관련 교과
중학교 1학년 4. 생물의 구성과 다양성
중학교 2학년 4. 소화와 순환, 7. 호흡과 배설

1. 호흡기 질병

우리 몸에 병을 일으키는 세균이나 바이러스는 코나 입을 통해서 몸속에 들어오는 경우가 많습니다. 우리가 들이마시는 숨에 섞여 몸속에 들어오지요. 세균이나 바이러스가 우리 몸속에 들어와서 어떤 병을 어떻게 일으키는지 함께 알아봅시다.

감기와 독감

호흡 기관은 숨을 쉬기 위해 꼭 필요한 기관입니다. 숨을 쉰다는 것이 몸에 필요한 산소를 들이마시고 필요 없는 이산화탄소를 내뱉는 단순한 과정만 뜻하는 것은 아닙니다. 호흡이란 활동에 필요한 에너지를 얻기 위해 이뤄지는 과정 모두를 의미해요. 호흡은 호흡 기관에서만 일어나는 것이 아니고 세포로 이루어진 우리 몸 전체에서 일어납니다.

■ 호흡 기관

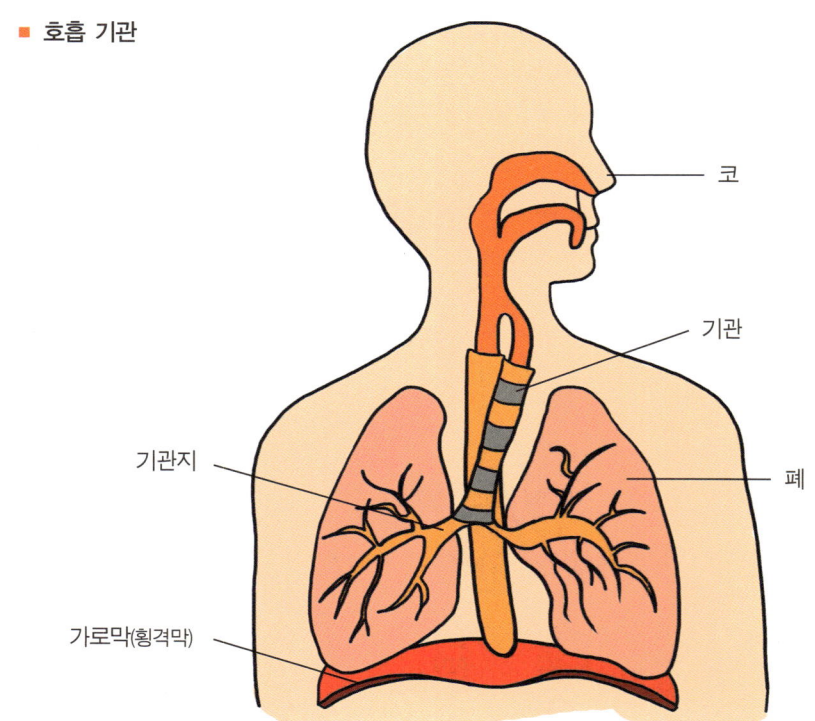

호흡 기관을 통해 공기를 마셔야 세포에 필요한 산소를 공급해 줄 수 있습니다. 만약 호흡 기관이 고장 난다면 세포에 제대로 된 에너지를 공급해 줄 수 없어 큰일이 나지요. 과연 호흡기에 문제가 생기면 어떤 일이 벌어질까요?

감기

계절이 바뀔 때마다 감기는 우리를 찾아옵니다. 목감기, 코감기, 몸살감기 등 종류도 많고 코가 막히고 열이 나는 등 증상도 여러 가지예요. 그런데 감기와 호흡 기관이 관련 있다는 사실을 알고 있나요? 어떻게 감기에 걸리는 것인지 먼저 우리의 호흡 기관부터 잘 살펴봅시다.

감기는 바이러스나 세균에 의해서 생기는 기도 염증을 말합니다. 감기에 걸리면 보통 재채기를 하고 콧물이 나거나 코가 막혀요. 침을 삼키기 어려울 정도로 목이 부어올라 따끔거리고 가래가 끼어 그르렁거리기도 합니다. 심할 경우에는 눈이 충혈되고 눈물이 나거나 눈곱이 낍니다. 그 밖에도 몸이 쑤시는 등 감기의 증상은 무척 다양해요. 감기는 대부분 5일에서 7일 동안 지속됩니다.

감기를 일으키는 바이러스는 주로 코나 입을 통해 우리 몸으로 들어옵니다. 이 바이러스는 침이나 콧물을 통해 목으로 넘어가 위까지 흘러갑니다. 다른 음식물과 섞여 장을 통해 배출되기도 해요. 하지만 바이러스는 우리 몸 밖으로 배출되지 않기 위해 기도에 있는 섬모라는 미세한 털에 안간힘을 써서 매달립니다. 그래서 코나 목에 감기를 일으키지요.

기도

호흡할 때 공기가 폐로 가기 위해서 지나가는 길을 말합니다. 콧구멍, 코안, 인두, 후두, 기관, 기관지로 이루어져 있어요. 공기 일부는 입을 통해서도 들어가지만 입안은 기도에 포함되지 않습니다. 기도는 여러 근육이 작용해서 음식물이 기관으로 들어가는 것을 막기도 합니다.

그렇다면 감기를 일으키는 바이러스에는 어떤 것들이 있을까요? 가장 많이 들어 본 이름으로는 인플루엔자 바이러스가 있을 거예요. 날씨가 쌀쌀해지면 독감 예방 주사를 맞는 사람들이 많은데, 바로 이 인플루엔자 바이러스의 감염을 막기 위해서 주사를 맞습니다. 그런데 독감 예방 주사를 맞고도 감기에 걸릴 수 있습니다. 엄밀히 말해 독감과 일반 감기는 다르기 때문이지요. 독감은 인플루엔자 바이러스라는 특정 바이러스가 원인이지만 일반 감기는 아데노바이러스나 코로나바이러스 등 다양한 바이러스 때문에 생깁니다. 따라서 독감과 감기는 나타나는 증상도 다릅니다.

면역력

외부에서 들어온 병원균에 저항하는 힘을 말합니다. 병원균은 우리 몸속에서 병을 일으킵니다. 면역력이 있으면 병원균이 들어와 병을 일으키는 것을 막을 수 있어요. 면역력을 높이기 위해서는 규칙적으로 운동하고 균형 잡힌 식사를 해야 합니다.

독감

우리 몸은 몸속에 한 번 들어왔던 바이러스에 대해서는 면역력이 생깁니다. 그런데도 바이러스의 종류가 무척 많기 때문에 또 다른 바이러스가 몸속에 들어와서 자꾸만 감기에 걸리게 해요. 이러한 감기와는 반대로 독감을 일으키는 인플루엔자 바이러스는 매년 우리 몸에 들어옵니다. 현재까지는 성질이 각기 다른 바이러스 A형, B형, C형이 발견되었어요. C형은 큰 증상이 없고 유행성도 적어 별로 걱정할 만한 바이러스는 아닙니다. B형도 증상이 있긴 하지만 증상이나 유행성이 크게 문제 될 만큼은 아니에요. 문제는 A형 바이러스입니다.

A형 바이러스는 이상하게도 모양과 성질이 자꾸 변합니다. 이처럼 같은 종의 생물에서 나타나는 서로 다른 특성을 '변이'라고 해요. A형 바이러스는 한 번 걸렸으면 면역력이 생겨 다시는 걸리지 않아야 하는데, 해마다 조

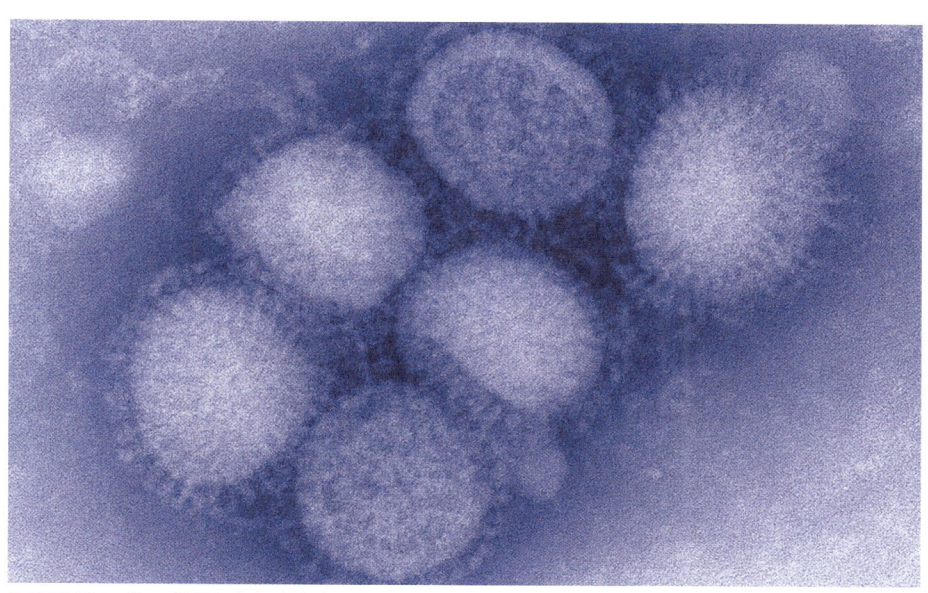

독감을 일으키는 인플루엔자 바이러스.

금씩 다른 변이가 일어나므로 거듭 조심해야 합니다. 그러므로 면역력이 아주 좋은 사람이라도 예방 주사를 맞아 예방하는 편이 좋습니다. 일반 감기는 기침과 콧물이 5~6일 지속되는 증상이 전부이지만 독감은 일주일 이상 지속되며 근육통이나 심한 고열을 일으킵니다.

감기를 완전히 치료하기란 불가능합니다. 병원에서 처방받은 약은 열을 내리거나 기침을 약간 억제하는 역할밖에 못 해요.

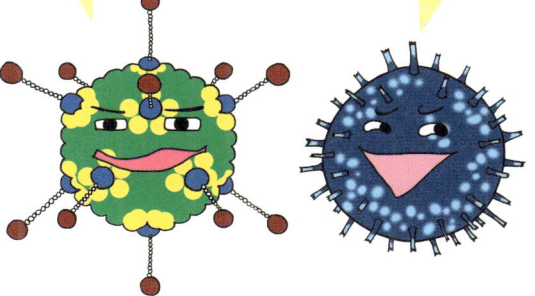

약이 몸속에 있는 바이러스를 모두 몰아낼 수는 없기 때문이지요. 그러니 감기에 걸리지 않으려면 평소에도 규칙적인 식사와 운동으로 건강한 몸을 가꿔서 미리미리 감기를 예방해야 합니다.

조류 독감

　조류 독감이란 닭, 오리, 거위 같은 가금류와 야생 조류 등이 걸리는 급성 바이러스 전염병입니다. 사람에게 독감을 일으키는 바이러스와 같은 인플루엔자 바이러스가 원인이지요. 그동안 조류 독감은 동물만 걸린다고 알려졌었는데 1997년 홍콩에서 사람이 조류 독감에 감염된 사례가 발견되었습니다. 곧 조류의 배설물을 통해 사람에게도 전염될 수 있다는 사실이 밝혀졌어요. 전 세계 사람들은 공포에 떨었습니다. 사람이 조류 독감에 걸리면 심한 고열과 근육통 등의 증상이 나타나며 폐렴으로 이어지는 경우가 많아요. 하지만 조류 독감이 유행한다고 해서 가금류 등을 못 먹는 것은 아닙니다. 섭씨 75° 이상에서 5분 이상 가열하면 바이러스가 죽기 때문에 닭이나 오리를 잘 익혀 먹는다면 조류 독감을 걱정할 필요는 없어요.

천식과 비염 그리고 기흉

천식과 비염은 대표적인 호흡기 질병입니다. 천식은 폐 속의 기관지에 생기는 병으로, 호흡할 때 숨이 차고 가래 낀 소리가 나며 기침을 아주 심하게 해요. 비염은 콧구멍의 끈적거리는 막에 염증이 일어나는 현상을 말합니다. 콧물이 나거나 코가 막히고 재채기, 가려움증 등의 증상이 나타나지요. 천식과 비염은 꽃가루가 날리는 봄이 되면 증상이 더욱더 심해집니다. 두 질병 모두 알레르기 질병이기 때문입니다. 먼저 알레르기가 무엇인지 알아볼까요?

천식과 비염

알레르기란 어떤 특정 물질에 민감하게 반응하는 증상을 말합니다. 예를 들어 먼지가 많은 곳이나 개, 고양이처럼 애완동물을 기르는 친구 집에 갔을 때 갑자기 재채기와 콧물이 나오는 경우가 있습니다. 먼지나 애완동물의 털 때문에 알레르기 반응을 일으키는 것이지요.

우리 몸은 면역력을 담당하는 단백질에 의해 면역력이 생기는데, 이 단백질을 '면역 글로불린'이라 부르고 Ig라고 씁니다. Ig에는 IgA, IgD, IgE, IgG, IgM 등 여러 종류가 있습니다. 이 중 IgE가 지나치게 많을 때 알레르기 반응을 보입니다. 이런 알레르기 반응으로 생기는 증상이 바로 천식과 비염이에요.

  IgE가 일으키는 알레르기 반응은 사람마다 다르게 나타납니다. 앞에서처럼 애완동물의 털, 먼지나 진드기에 반응하는 사람이 있고 봄이 되면 날아다니는 꽃가루에 반응하는 사람도 있어요. 이 모든 경우에 다 반응할 수 있지만 몇 가지에만 반응하는 경우가 대부분입니다.

  먼지나 진드기, 꽃가루는 공기를 타고 다니면서 입이나 코, 눈으로 들어갑니다. 코로 들어간다고 상상해 보세요. 숨을 쉴 때마다 먼지나 꽃가루 등이 작은 혈관을 통해 우리 몸으로 들어옵니다. 그러고는 혈관을 따라 몸 구석구석 돌아다니다가 피부 가까이에 많이 모여 있는 IgE와 만나 반응하게 됩니다. 그러면 재채기가 나기 시작하고 콧물이 흘러내립니다. 콧물이 마르면 다시 코가 꽉 막혀 버리기도 해요. 이렇게 하루 종일 휴지와 전쟁을 치

르다 보면 무슨 일을 하든 집중이 잘 안 되고, 머리가 아프기도 합니다.

먼지나 애완동물의 털이 기관지까지 들어가면 IgE와 반응해서 기관지가 가늘어지고 매우 좁아져 숨 쉬기가 힘들어집니다. 이 증상이 바로 천식이지요. 좁아진 기관지로 공기가 들어가서 숨 쉬기가 힘들어지면 숨을 더 크게 내쉬게 되고, 그때의 압력 때문에 가슴이 답답해집니다. 이렇게 갑자기 나타난 호흡 곤란 증상을 가라앉히기 위해서는 먹는 약이나 주사 말고도 흡입기를 통해 공기를 흡입하는 방법이 있습니다. 약이 들어 있는 조그만 통을 흡입기에 끼워 약을 목에 닿게 한 뒤 기관지 속의 물질을 녹이는 방법입니다. 목에 직접 닿기 때문에 먹는 약이나 주사보다 효과가 빠를 수 있어요. 하지만 원인을 치료하는 방법은 아니므로 알레르기 치료를 위해서는 체질 개선 방법을 찾는 것이 중요합니다.

그렇다면 IgE는 우리 몸에 좋지 않은 작용만 하는 것일까요? IgE는 알레르기 반응을 통해 우리를 힘들게 하지만 기생충을 없애는 좋은 역할도 합니다. 또 알레르기 반응을 통해 먼지나 진드기 등으로부터 우리 몸을 보호하려 하기 때문에 우리 몸에 꼭 필요한 존재라고 할 수 있어요.

기흉

우리의 가슴 부위에는 갈비뼈가 있고, 그 안에는 심장이나 폐와 같은 중요한 장기가 들어 있습니다. 가로막이라는

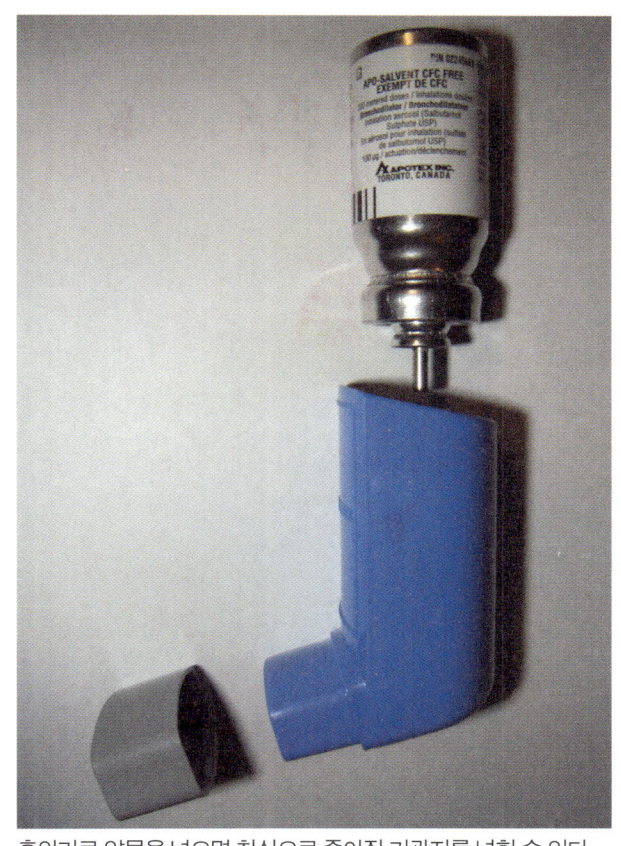

흡입기로 약물을 넣으면 천식으로 좁아진 기관지를 넓힐 수 있다.
ⓒ James Heilman, MD@the Wikimedia Commons

근육도 있는데 이 가로막을 중심으로 가슴과 배로 나눌 수 있지요. 이러한 구조로 이루어진 우리의 가슴 안에는 공기가 들어 있지 않습니다. 폐 안으로만 공기가 들어오고 나가기 때문에 폐 주위에는 공기가 없어요. 그런데 만약 가슴 안에 공기가 들어가면 어떻게 될까요?

폐에 구멍이 생겨서 가슴에 공기가 차는 상태를 '기흉'이라고 합니다. 숨을 쉰다는 것은 폐가 '부풀었다 줄었다'를 반복하면서 기체 교환을 하는 것입니다. 만약 가슴 안에 공기가 차 있으면 폐가 바깥 공기에 눌려서 부풀

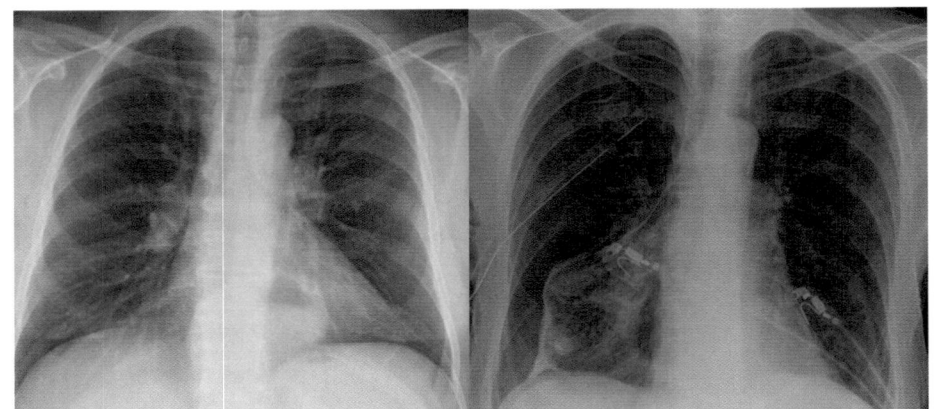

오른쪽 폐가 기흉 때문에 작아졌다.
ⓒ Hellerhoff@the Wikimedia Commons

가슴에 관을 넣어 기체를 빼내고 있다.
ⓒ Hellerhoff@the Wikimedia Commons

거나 줄어들기가 어려워집니다. 따라서 숨을 쉴 때 심한 통증을 느끼고 숨이 차며 호흡 곤란을 일으키게 되지요. 이럴 때는 가슴에 인공적으로 관을 넣어 기체를 빼내거나 수술을 통해 가슴을 열어 기체를 빼내야 합니다.

중이염과 후두염

귀는 외이, 중이, 내이로 나뉘어 있습니다. 외이와 중이를 구분하는 막이 고막인데, 이 고막이 소리에 진동하면 우리가 소리를 들을 수 있게 되는 것이지요. 중이염은 귀의 고막 안쪽에 있는 중이 부분과 코의 뒷부분 사이를 연결하는 공기 통로인 이관의 점막이 부어 막히면서 생긴 염증을 말합니다. 고열, 심한 통증, 귀울림, 귀 안에 무엇인가 가득 찬 듯한 느낌의 증상이 나타납니다. 보통 면역력이 약한 아기들에게 잘 나타나는 질병이며 고열이 나는 심한 감기를 앓고 난 후에 생겨요.

■ 귀의 구조

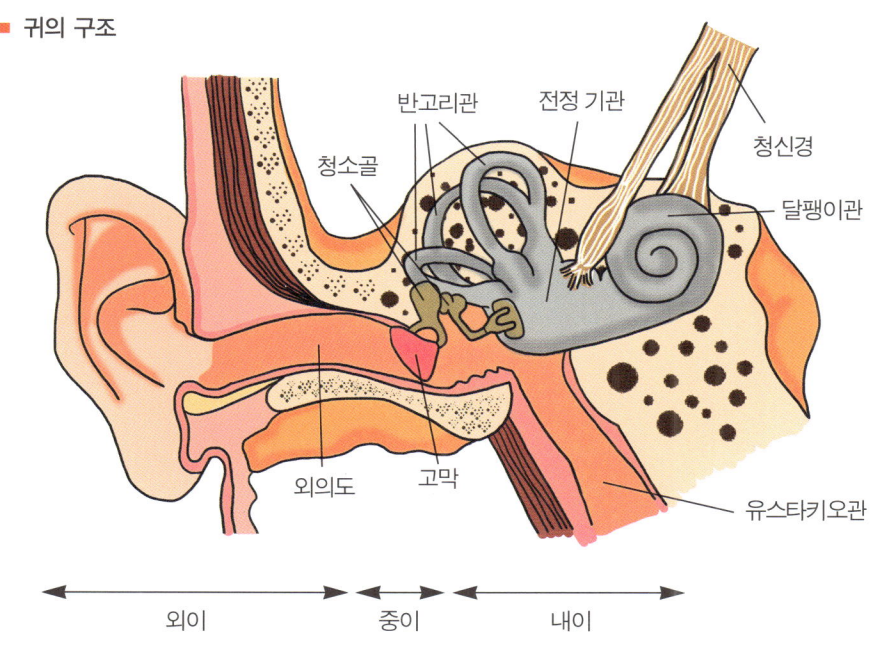

후두염 역시 감기로 인해 생기는 후유증 중 하나입니다. 감기가 심하면 목이 붓게 되는데, 후두염은 성대 주변에 염증이 생기는 증상을 말해요. 숨을 들이쉴 때 숨이 막히는 소리가 나거나 쉰 목소리가 난다면 후두염을 의심해 봐야 합니다. 이러한 후두의 염증은 감기 등의 바이러스 외에 세균에 의해서도 나타나지만 목을 심하게 썼을 경우에도 생깁니다. 성대에 너무 무리한 힘을 가하면 성대가 약해지기 때문이에요. 그리고 어른이 피우는 담배 연기만으로 후두염 증세가 나타나기도 합니다. 후두염에 걸리지 않으려면 감기에 걸리지 않는 것도 중요하지만 방 안의 공기를 청결히 하고 적당한 습도를 유지해야 해요.

나쁜 영향을 끼치는 담배

　매캐한 연기를 내며 타는 담배는 몸에 나쁜 영향을 끼쳐요. 호기심에 담배를 피우다가 결국 중독되어 헤어 나오기 어려운 경우도 많습니다.
　담배에 들어 있는 성분은 중독성을 갖고 있습니다. 중독성이 강한 담배 속 니코틴은 신경 조직을 흥분시키는데, 심하게는 신경 조직을 마비시키기도 해요.
　담배에는 니코틴 말고도 우리 몸에 나쁜 물질이 무척 많습니다. 그중 하나가 담배 연기로 빠져나오는 일산화탄소입니다. 폐에서 헤모글로빈과 결합해 산소 공급을 방해하고 산소 부족을 일으켜요. 그 밖에 자체로도 독성이 있고 암까지 유발하는 타르 등이 있습니다. 이러한 물질들 때문에 조금만 움직여도 숨이 차게 하는 '폐 공기증'에 걸릴 수 있어요.

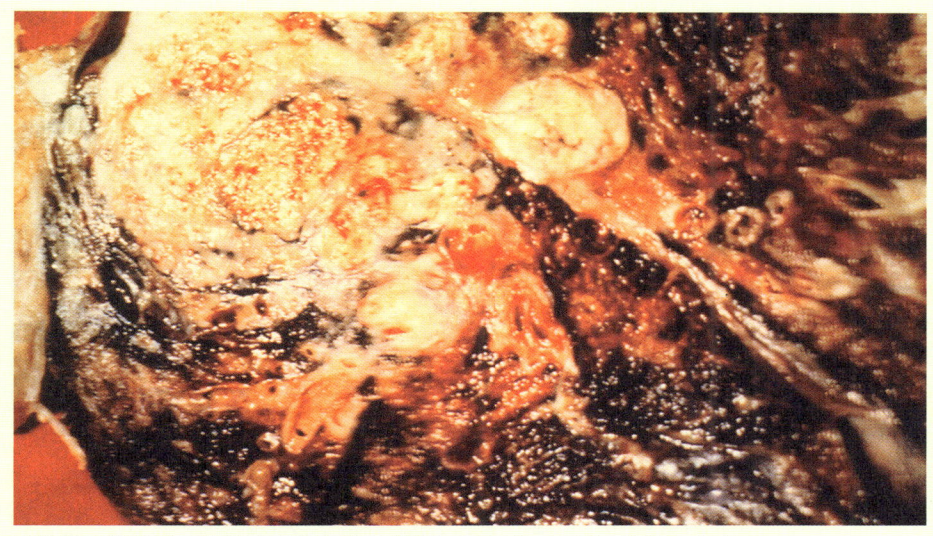

폐암 환자의 폐. 타르가 쌓여서 폐가 검게 변했다. ⓒ Lipothymia@the Wikimedia Commons

문제 1 감기와 독감을 일으키는 바이러스에는 어떤 것들이 있을까요?

문제 2 폐에 공기가 있으면 왜 숨 쉴 때 통증을 느낄까요?

3. 침입하여 바이러스가 침입한 때까지의 시간이 걸리기 때문입니다. 항체 형성에는 우리 몸에 바이러스가 항원으로 작용하여 생깁니다. 몸속에 들어온 병원체 항원에 반응하여 항체가 형성됩니다. 예를 들어 감기나 예방접종의 경우 몸속에 들어온 바이러스와 같은 병원체에 의해 항체가 형성됩니다. 이 항체는 면역 반응으로 바이러스를 없애는 역할을 해요. IgA, IgG, IgM 등 여러 종류가 있어요. 이 중 IgG는 가장 흔하게 발견되는 항체이며, 침입한 항원에 대응합니다. 이런 항체가 충분히 많이 생기는 동안은 증상이 비교적 심하게 나타납니다.

문제 3 대표적인 호흡기 질환인 천식과 비염의 원인에 대해 설명해 봅시다.

정답

1. 알레르기성 비염이나 축농증, 감기 등의 다양한 원인들 때문에 생깁니다. 특히 집 안의 먼지들과 바이러스 때문에 걸리게 되는데 머리가 아프며 코에 염증이 생겨 코가 막히기도 하고 누런 콧물이 많이 나옵니다. 또한 콧물이 목뒤로 넘어가 기침이 나기도 하고 냄새를 잘 맡을 수 없습니다. 그리고 바이러스 생활습관 또 코의 상태에 의해 생기는 경우도 많습니다.

2. 폐나 기관지에 문제가 생겨서 나타나는 증상으로 기관지가 좁아집니다. 그리하여 숨이 차고 쌕쌕 소리가 나며 기침이 나는 것이 증상입니다. 특히 온도가 낮거나 습기가 많은 곳에 있으면 폐나 기관지가 아주 예민하여 따라서 자주 발생합니다. 동물의 털이나 몸에서 나는 발음이나 흘러들 알레르기를 일으킵니다.

관련 교과
초등 5학년 2학기 1. 환경과 생물
초등 6학년 1학기 4. 생태계와 환경
중학교 3학년 8. 유전과 진화

2. 호르몬 질병

우리 몸에는 몸속 한 부분에서 분비되어 혈액을 타고 이동하는 호르몬이란 것이 있습니다. 호르몬은 몸속 기관이 더 활발히 작용하게 하거나 기관의 활동을 억눌러서 우리 몸에 큰 영향을 끼쳐요. 우리 몸속에서 어떤 역할을 하는지, 어떤 영향을 끼치는지 지금부터 자세하게 알아보아요.

거인증과 소인증

성장 호르몬은 키가 크는 데 중요한 역할을 합니다. 이 성장 호르몬이 지나치게 많이 분비되면 거인증이 나타날 수 있어요. 보통 사람보다 호르몬이 너무 많이 분비되어 몸이 지나치게 커지기 때문이지요. 온몸이 커지는 거인증도 있지만 손과 발, 턱, 코, 귀처럼 몸 끝 부분만 커지는 거인증도 있습니다. 이와 같은 거인증을 '말단 비대증'이라고 합니다. 이와는 반대로 청소년기에 호르몬의 분비가 제대로 이루어지지 않아서 키가 크지 않는 증상을 '소인증'이라고 합니다. 이런 거인증과 소인증은 아주 흔한 질병이 아니므로 주위에서 쉽게 찾아볼 수 없어요. 혹시 여러분이 키가 작더라도 걱정보다는 인내심을 가지고 꾸준한 운동과 균형 잡힌 식사를 한다면 성장 호르몬 때문에 큰 문제가 생기는 일은 없을 것입니다.

소인증.

키 크고 싶어요

　키가 자라려면 잘 먹는 것이 가장 중요합니다. 키 크는 데 유전적인 영향은 겨우 20%밖에 미치지 않기 때문이에요. 음식물 섭취는 성장 호르몬의 분비를 돕기 때문에 굉장히 중요합니다. 골고루 먹는 것이 키 크는 데 도움이 되겠지만 그중에서도 몸의 주요 구성 요소인 단백질과 칼슘, 인, 비타민을 섭취하면 큰 도움이 됩니다.

　다음으로는 적당한 운동으로 성장 판을 자극하는 방법이 있습니다. 연구 결과에 의하면 운동을 시작한 후 30분 정도가 지났을 때 성장 호르몬이 가장 많이 나온다고 해요.

　잠을 잘 자는 것도 중요합니다. 성장 호르몬은 자기 시작해서 두 시간이 지났을 때 가장 많이 나옵니다. 시간상으로는 밤 10시부터 새벽 2시까지 가장 많이 분비됩니다. 그러므로 가능한 한 10시 이전에 잠들고, 깊은 수면을 취해야겠지요?

또한 지나친 스트레스는 성장 호르몬의 분비를 막기 때문에 스트레스를 받지 않는 것도 중요합니다.

 # 당뇨병

　당뇨병은 우리나라 사람들이 흔히 걸리는 성인병 중 하나입니다. '당'은 당분을, '뇨'는 소변의 의미를 담고 있습니다. 그래서 당뇨는 '당분이 섞인 소변'을 뜻하지요. 이름에 소변이란 말이 들어 있어서 배설 계통의 문제라고 생각하기 쉽지만 당뇨병은 내분비계 질병입니다.

　내분비계란 무엇일까요? 우리 몸은 많은 물질을 분비합니다. 침샘에서는 침을, 소화샘에서는 소화액을 분비해요. 호르몬도 분비되는 곳은 정해져 있지만 호르몬만을 위한 특정한 분비 관은 없습니다. 분비 관이 없으니 우리 몸 여기저기로 연결된 혈관을 통해 분비됩니다. 이렇게 혈관을 따라다니면서 우리 몸의 여러 가지 기능을 조절하는 모든 체계를 내분비계라고 불러요.

　우리 몸은 많은 내분비 물질을 만들어 냅니다. 그중 이자액을 만들어 내는 이자는 소화 효소도 만들지만 포도당을 조절하는 호르몬도 만듭니다. 이 호르몬이 바로 인슐린과 글루카곤입니다. 인슐린은 밥을 먹었을 때 자동적으로 높아지는 혈액 속의 포도당을 간에 저장해서 혈당을 낮추는 역할을 해요.

　우리 몸에서 혈당을 낮추는 호르몬은 인슐린 하나밖에 없지만 혈당을 높이는 호르몬은 글루카곤, 글루코코르티코이드, 아드레날린 세 가지나 됩니다. 이름이 좀 어렵지요? 이 어려운 이름을 가진 호르몬들은 우리가 혹시나 끼니를 굶을까 봐 항상 대기하고 있습니다. 만약 우리가 밥을 먹지 않으면 간에 저장해 놓은 포도당을 꺼내기도 하고 부족하면 피부 밑에 저장된 지방이나 단백질을 분해해서 포도당으로 바꾸기도 해요.

혈액 속에 포도당을 낮추는 호르몬인 인슐린이 부족해지면 몸에 병이 생깁니다. 혹은 인슐린이 정상적인 기능을 하지 않아도 병이 생겨요. 인슐린 분비가 제대로 이루어지지 않으면 혈액 속의 포도당이 너무 많아져 소변으로 흘러나오게 됩니다. 이것이 당뇨입니다.

■ **내분비계**

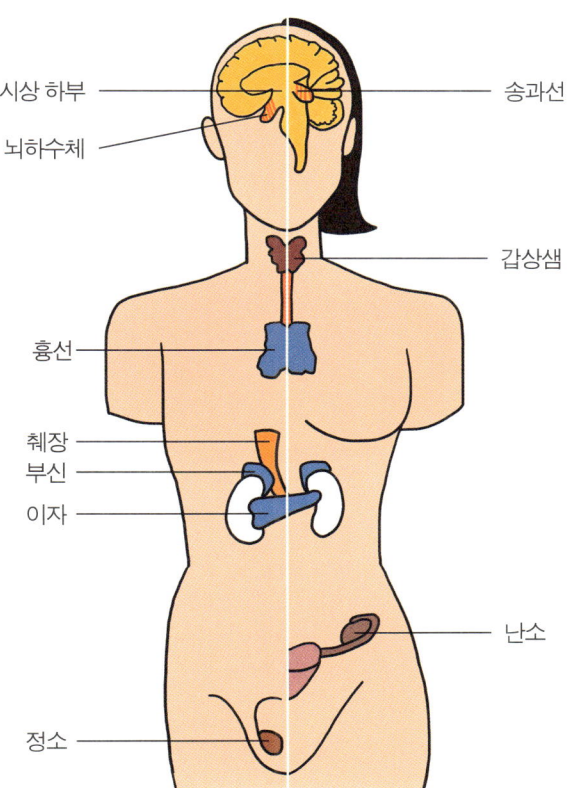

심근 경색

관상 동맥이 빠르게 줄어들거나 막히면 심장의 산소와 영양 공급이 줄어들어 근육 조직이나 세포가 죽습니다. 이러한 증상을 심근 경색이라고 해요. 심근 경색이 오면 갑자기 쓰러지거나 심장 마비가 올 수 있습니다. 평소 매일 운동하고 금연하는 등 건강한 생활 습관을 지녀 심근 경색을 예방해야 해요.

사실 당뇨병 자체는 그렇게 큰 질병이 아닙니다. 소변에 포도당이 좀 섞여 나와도 크게 문제가 되지 않아요. 문제는 합병증입니다. 혈액 속에 당분이 많으면 혈관에 포도당이 달라붙습니다. 혈관의 통로가 줄어들고 그 때문에 산소와 영양 공급이 줄어들며 다른 질병을 일으켜요. 당뇨병은 관상 동맥 질환이나 뇌졸중, 심근 경색과 같은 합병증으로 악화될 가능성이 있습니다. 이들 합병증은 당뇨병 환자의 사망 원인 중 약 70%를 차지합니다.

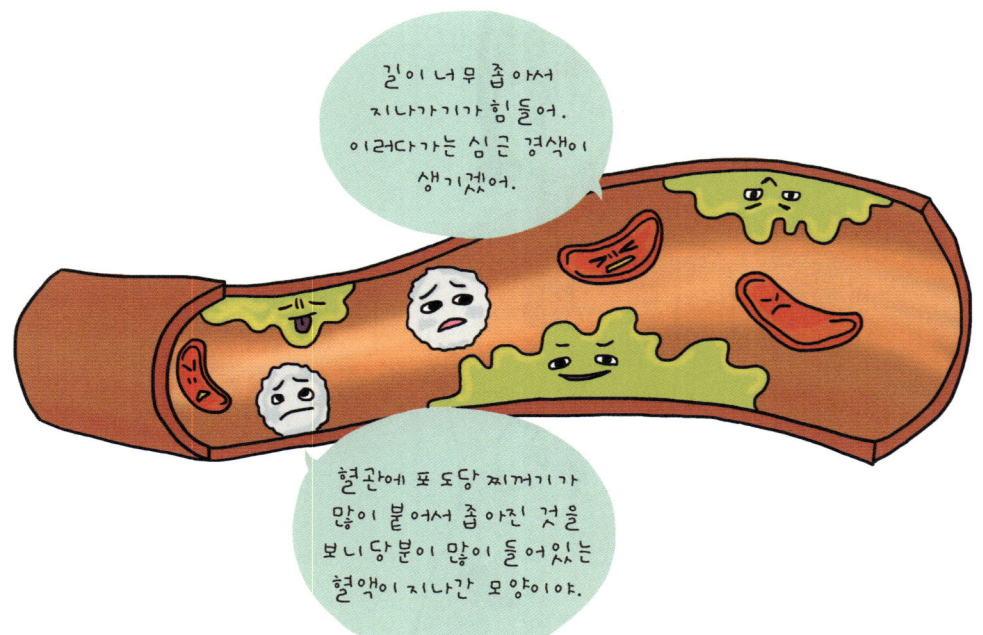

당뇨병의 종류

　당뇨병은 크게 제1형과 제2형으로 나뉩니다. 제1형은 인슐린을 생성하지 못해 생기는 당뇨병이에요. 소아 당뇨라고도 부릅니다. 제2형 당뇨는 인슐린 분비가 부족하거나 인슐린 저항성으로 생기는 당뇨입니다. 제2형 당뇨는 고열량, 고지방, 고단백의 음식 섭취나 운동 부족 등 환경적인 요소가 크게 영향을 미칩니다. 그러므로 체중을 표준 체중으로 줄이고 균형 잡힌 식사를 하며 매일 운동을 하는 등 건강한 생활을 하면 제2형 당뇨를 예방할 수 있어요. 그 밖에도 임신 중에 발생한 당뇨가 있는데 이를 임신성 당뇨병이라고 합니다.

갑상샘 질병

갑상샘은 목 앞쪽에 있는 내분비계입니다. 외국에서는 의학 용어로 라틴어를 많이 쓰는데, 갑상샘이란 라틴어로 '직사각형 방패 모양의 선'이라는 뜻이예요. 갑상샘은 '티록신'이라는 호르몬을 분비하며 이 호르몬이 너무 많거나 적게 분비되면 우리 몸에서는 특이한 반응들이 일어납니다.

티록신이 너무 많이 분비되면 어떻게 될까요? 티록신은 우리 몸에서 물질대사를 담당합니다. 티록신이 많으면 물질대사가 몹시 빨리 일어납니다. 물질대사가 빨리 일어나려면 에너지를 빨리 만들어 주어야 해요. 호흡

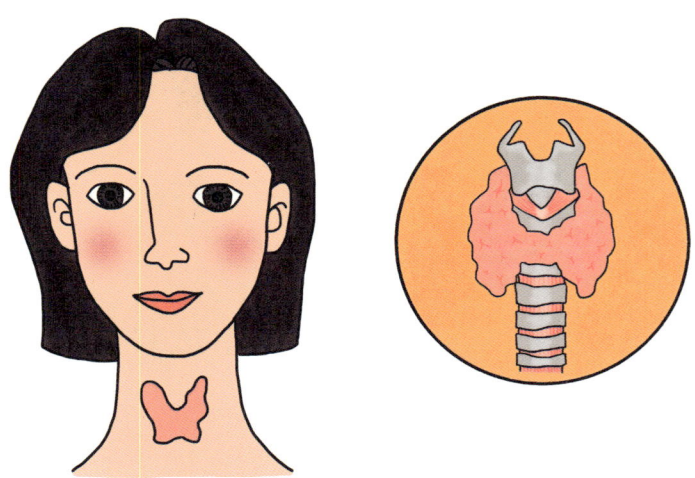

갑상샘은 목 주위에 나비 모양으로 붙어 있다.

을 빨리 해야 한다는 말이지요. 호흡이 빨라지면 심장 박동이 빨라지고 가슴도 두근거리며 땀이 많이 납니다. 또 영양분의 분해가 일어나기 때문에 식욕이 왕성해집니다. 그럼 살이 쪄야 하지만 물질대사 작용을 계속하다 보니 평소보다 살이 많이 빠져요. 무척 피로해지고 드문 경우이지만 눈이 튀어나오기도 합니다. 하지만 이 모든 증상이 한꺼번에 나타나는 것은 아닙니다.

물질대사

모든 생물은 자신의 몸에 필요한 물질을 환경에서 흡수합니다. 몸 밖에서 섭취한 영양물질을 몸 안에서 분해하거나 합성해서 에너지를 만들고 우리 몸에 필요하지 않은 물질은 몸 밖으로 내보내지요. 이러한 작용을 물질대사라고 합니다.

이번에는 티록신이 잘 분비되지 않을 때 일어나는 변화를 살펴볼까요? 많이 분비될 때와 정반대로 생각하면 됩니다. 갑자기 살이 찌거나 심장 박동과 맥박이 느려지고 땀이나 변이 잘 나오지 않습니다. 그런데 특이한 점은 티록신이 잘 분비되지 않는 경우 목이 엄청나게 부어오른다는 사실입니다.

뇌는 호르몬을 분비되는 양을 조절해 줍니다. 많이 나온다 싶으면 적게, 적게 나온다 싶으면 많이 나오게 합니다. 이처럼 몸에 명령을 하면서 항상 같은 양이 나오도록 합니다. 그런데 몸이 말을 듣지 않으면 뇌에서는 혹시 공간이 좁아서 호르몬을 많이

만들지 못하는 것이 아닌가 싶어 갑상샘을 키우게 됩니다. 그러므로 갑상샘에서 호르몬을 많이 내보내는 사람보다 적게 내보내는 사람의 목이 더 붓게 되지요.

  당뇨병이나 갑상샘 질환과 같은 내분비계 질환은 완전한 치료가 불가능합니다. 뇌에서 만드는 균형이 깨진 것이므로 수술이나 약으로 좋아지게 할 수는 없지만 몸에서 만들지 못하는 호르몬을 약으로 대신할 수는 있어요. 하지만 계속 약을 먹지 않으면 곧바로 질환이 나타나기 때문에 늘 신경 써서 약을 먹어야 합니다. 또 가족 중에 이런 병을 앓은 사람이 있다면 특히 조심해야 합니다. 항상 그런 것은 아니지만 부모님으로부터 병을 물려받는 경우가 있기 때문이에요.

환경 호르몬

환경 호르몬이란 우리 몸에서 정상적으로 만들어 분비하는 물질이 아닙니다. 인간이 산업 활동을 통해서 만들어 낸 화학 물질로, 우리 몸에 흡수되면 호르몬 대신 작용해 내분비계를 혼란스럽게 만들지요. 게다가 호르몬 대신 작용한다고 해서 완벽하게 그 기능을 해내는 것이 아니라, 호르몬이 작용할 곳에 먼저 가서 진짜 호르몬이 작용하지 못하도록 하는 나쁜 물질입니다. 플라스틱 숟가락, 나무젓가락, 페트병, 컵라면 그릇 등 주로 일회용 제품에 환경 호르몬이 들어 있습니다.

 # 불임

　불임이란 임신하지 못하는 일을 말합니다. 언뜻 생각하면 여성에게 문제가 있다고 생각할 수 있지만 꼭 그런 것만은 아닙니다. 임신은 남성의 정자와 여성의 난자가 만나야 가능한데, 남성이 건강한 정자를 만들지 못하면 튼튼한 아이가 태어나지 못할 가능성도 높아요.

　왜 건강한 정자를 만들지 못하는 것일까요? 일단 성호르몬의 불규칙적인 분비가 문제일 수 있습니다. 성호르몬이란 사람이나 동물의 생식샘에서 분비하는 호르몬입니다. 여성은 '에스트로겐'과 '프로게스테론', 남성은 '테

스토스테론'이라는 호르몬을 분비합니다. 이 호르몬 덕분에 남성은 목소리가 변하고 수염이 나며 여성은 아기를 가질 수 있지요. 여성 호르몬은 여성에게서만, 남성 호르몬은 남성에게서만 분비되는 것이 아니라 제각기 조금씩은 분비됩니다. 둘 중 어떤 호르몬이 더 많이 분비되느냐에 따라 제각각의 2차 성징이 나타나요. 성호르몬의 분비가 원활하지 않으면 2차 성징도 제대로 나타나지 않을 수 있습니다. 또한 제대로 된 정자나 난자를 만들지 못하게 됩니다.

2차 성징

사춘기가 오면 남성과 여성의 몸은 뚜렷한 변화를 보입니다. 1차 성징은 태어나면서 남성과 여성을 구분할 수 있는 생식기의 차이를 말합니다. 그에 비해 2차 성징은 피하 지방이나 골격과 같은 몸매의 차이, 목소리가 달라지는 현상 등을 말해요.

요즘은 게임이나 채팅을 즐기는 청소년이 무척 많습니다. 하지만 컴퓨터나 휴대전화를 오래 사용하면 전자파에 너무 많이 노출되어서 몸속 정자가 죽을 수 있습니다. 또한 인스턴트식품을 많이 먹거나 환경 호르몬에 노출되면 성호르몬 분비가 줄어듭니다. 성장기부터 식사 습관과 생활 습관을 신경 쓴다면 성호르몬 감소 때문에 생기는 불임을 막을 수 있습니다.

# 조로증

조로증이란 몸이 나이보다 훨씬 빠르게 늙는 병을 말합니다. 우리가 1년을 보내 한 살을 먹을 때 조로증에 걸린 사람은 신체적으로 열 살에 가까운 나이를 먹게 됩니다. 우리가 할아버지, 할머니 소리를 듣는 것이 60세 이후라면 조로증에 걸린 사람은 6세 정도일 때 벌써 노인의 외모와 신체 기능을 갖게 되지요. 그런데 뇌의 나이는 보통 사람과 별 차이가 없습니다. 그러니 겉으로는 나이가 들어 보여도 원래 나이에 맞게 행동합니다. 처음에 사람들은 몸의 모든 부분이 빨리 늙는다고 생각해서 정상적인 노화라고 생각했지만 뇌의 기능은 같이 늙지 않는다는 사실이 밝혀지면서 정상적인 노화가 아님을 알게 되었습니다.

조로증은 크게 두 가지로 구분할 수 있습니다. 아주 어린 나이에 나타나서 소아 조로증으로 불리는 '허친슨-길포드 증후군'과 주로 청년기에 나타나는 '베르너 증후군'이 있습니다.

허친슨-길포드 증후군에 걸리면 생후 수개월까지는 정상적으로 자라다가 그 이후에 증상이 나타나기 시작합니다. 5세 전후부터는 노화 현상이 진행되고 10세 전후가 되면 겉모습이 60세 노인처럼 보이지요. 머리가 벗겨지고 피부가 얇아지며 혈관계 질병이 생깁니다. 하지만 생식기는 여전히 발달이 느립니다. 10세가 되기 전에 보통 노인들에게서 나타나는 동맥 경

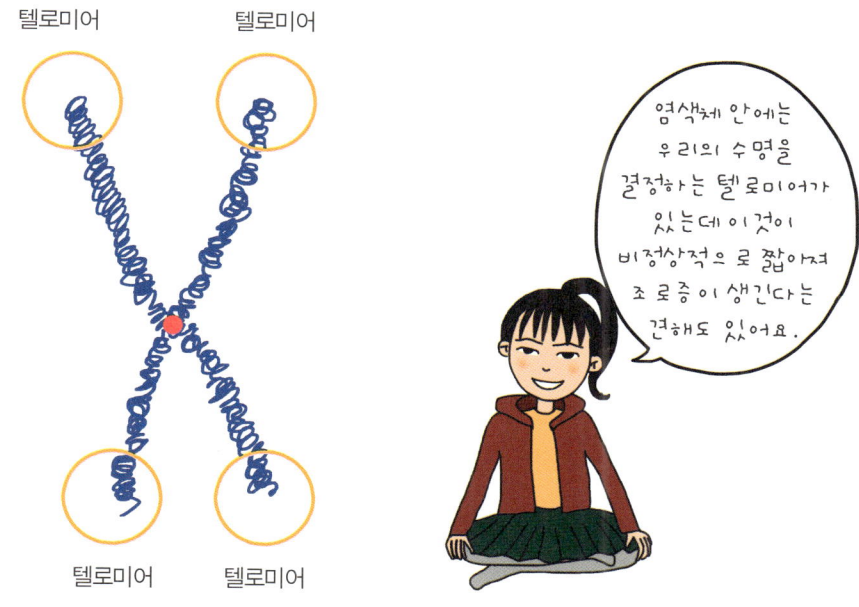

화증이나 심장 질환이 생기기도 하며 대부분 10대에 사망합니다. 소아 조로증은 어려서부터 생기므로 대개 유전적인 요인 때문이라고 여기지만 아직 정확한 원인은 밝혀지지 않았습니다.

 베르너 증후군은 성인 조로증이라고도 부르며 주로 청년기에 발생합니다. 소아 조로증이 있는 사람보다는 나타나는 증상이 적어요. 이미 성장이 끝난 후에 생기는 질병이기 때문에 왜소증은 나타나지 않지만 보통 사람보다 키가 작은 것이 특징입니다. 20대에 머리카락이 빠지고 30대에 백내장, 당뇨병, 골다공증 등이 발생하며 40~50대에 사망에 이릅니다. 역시 정확한 원인은 밝혀지지 않았지만 유전적인 원인, 특히 부신 피질, 뇌하수체 전엽이 제대로 크지 못했기 때문이라는 설이 있습니다.

Q&A 꼭 알고 넘어가자!

문제 1 키가 쑥쑥 자라려면 어떻게 해야 할까요?

문제 2 내분비계란 무엇일까요?

사람이 성장하고 활동하는 데 필요한 물질대사가 일어나고 생식을 통해 종족을 유지시키는 등 몸의 여러 가지 작용은 호르몬에 의해서 조절됩니다. 호르몬이 많이 분비되거나 적게 분비되면 몸에 이상이 생깁니다. 호르몬은 혈액으로 분비되어 온몸을 돌아다닐 수 있습니다. 우리 몸에 이런 호르몬을 분비하는 기관이 따로 있는데 이 기관들을 모두 합해서 내분비계라고 부릅니다.

문제 3 티록신 호르몬이 많이 분비될 때와 적게 분비될 때의 변화는 각각 어떠한가요?

정답

1. 티록신은 음식물을 분해하여 에너지를 내는 작용을 촉진한다. 즉, 티록신은 몸의 조직에 있는 모든 세포의 산소 소비량을 증가시키고 주로 단백질, 지방, 탄수화물 같은 영양소를 분해하여 에너지를 내는 작용을 촉진한다. 이 때문에 기초 대사율을 높이고 체온을 올려 준다.

2. 혈액중 유리 아이오딘 가기 감상선 호르몬의 조정을 해체까지 대응하여 들린다.

3. 티록신이 나무 많이 분비되면 물질대사가 활발해져 땀이 많이 나고 맥박이 빨라지고 쉽게 흥분하며 같이 빠진다.

관련 교과
중학교 2학년 4. 소화와 순환, 7. 호흡과 배설

3. 혈관계 질병

심장은 대개 가슴 한가운데서 왼쪽으로 살짝 치우친 부분에 있습니다. 심장은 혼자서 열심히 운동을 하는데, 운동하는 힘이 부족하면 몸 여기저기에 산소를 공급하지 못하는 문제가 생겨요. 심장이 온몸에 산소와 영양분을 보내주지 못해 생기는 질병으로는 무엇이 있을까요?

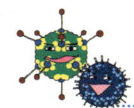 # 심방·심실중격 결손증과 심장 판막증

우리 몸의 심장은 2심방 2심실로 구성되어 있습니다. 심방은 온몸을 돌고 들어오는 혈액을 받아 주는 곳이고, 심실은 온몸으로 혈액을 보내 주는 곳입니다. 하지만 우리의 심장이 처음부터 이런 모양을 하고 있었던 것은 아니에요.

심방·심실중격 결손증

우리가 엄마 배 속에 자리 잡고 있었을 때는 심방과 심실의 구분이 없었습니다. 하지만 우리가 자라면서 위, 아래, 오른쪽, 왼쪽으로 칸을 나누는

■ 심장의 구조

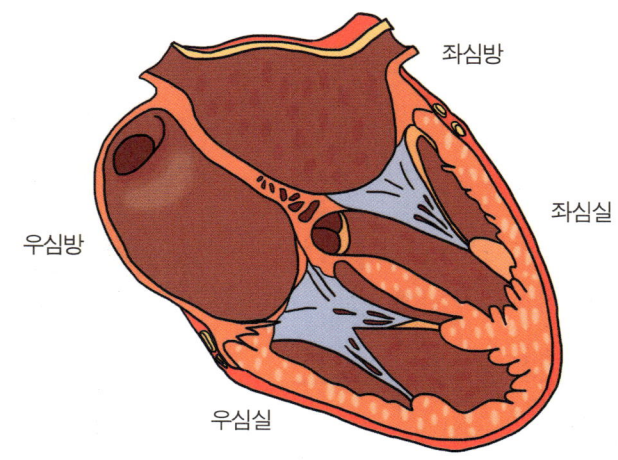

근육이 생겨나 서서히 지금과 같은 심장 구조를 갖게 되었지요. 심방 사이의 칸막이를 심방중격, 심실 사이의 칸막이를 심실중격이라고 부릅니다.

　심방중격과 심실중격에 각각 구멍이 생기는 경우를 심방중격 결손, 심실중격 결손이라고 합니다. 만약 이 중격에 구멍이 생기면 어떻게 될까요? 온몸을 돌고 들어와 이산화탄소가 많은 혈액이 폐에서 갓 들어온 산소가 많고 깨끗한 혈액과 뒤섞여 버립니다. 그러면 세포가 충분한 산소를 공급받을 수 없게 되지요. 그러므로 운동 시 호흡 곤란을 느끼거나 맥박이 빨라지는 현상 등이 나타납니다. 심방중격 결손은 폐혈관 질환이 심해지면 피부나 점막에 푸른색이 도는 청색증을 일으키기도 해요. 구멍이 생긴 부위가 작으면 스스로 자라서 구멍이 메워질 가능성도 있지만 부위가 너무 크면 수술을 통해 제 기능을 할 수 있게 만들어 줘야 합니다.

심장 판막증

　심장의 구조를 잘 살펴보면 항상 혈액은 심방에서 심실 쪽으로 흐르게 되어 있습니다. 만약 혈액이 거꾸로 흐른다면 산소와 이산화탄소가 섞여

■ 심장 판막이 생기는 과정

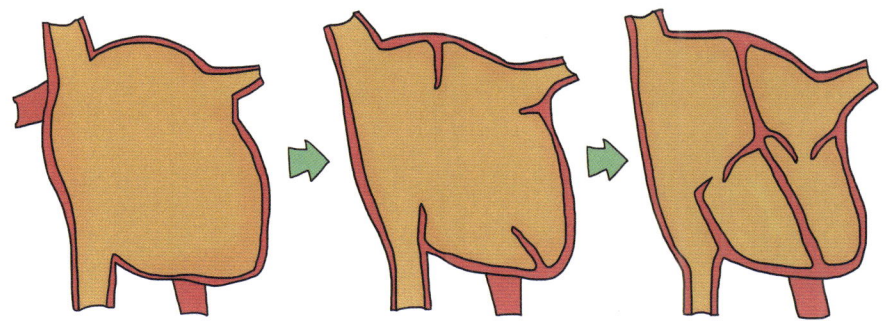

세포가 원하는 산소를 공급받기가 어렵겠지요. 그래서 심장은 판막이라는 구조가 꼭 필요합니다.

판막은 혈액이 거꾸로 흘러가는 현상을 막아 주는 막입니다. 심방과 심실 사이, 심실과 동맥 사이에 존재합니다. 그런데 이런 판막에 병이 생기면 어떻게 될까요? 판막은 혈액이 내려갈 때 열리고 혈액을 받을 때 닫혀야 하는데 병이 생기면 판막이 좁아지거나 제대로 닫히지 않게 됩니다. 그러면 심방에 더 많은 혈액을 채우느라 심장이 훨씬 더 부지런히 일해야겠지요. 고무줄도 너무 많이 사용하면 늘어지는 것처럼 심장도 너무 많이 일하면 근육이 점점 약해질 수밖에 없습니다. 그래서 심장이 약해지는 것이지요.

심장 판막증은 왜 생길까요? 태어날 때부터 판막에 문제가 있을 수도 있지만 대부분은 아기 때나 자라는 과정에서 바이러스나 세균에 의한 병을 앓다가 합병증으로 걸리는 경우가 많습니다. 요즘은 약해진 판막을 대용물로 대신하는 수술이 가능해서 어렵지 않게 치료할 수 있습니다.

동맥 경화와 심근 경색

동맥 경화

우리나라 성인들에게 많이 나타나는 질병 중 하나가 고혈압입니다. 고혈압이란 혈압이 높은 상태를 말해요. 보통 성인의 정상 혈압은 80~120㎜Hg인데 최고 혈압이 140㎜Hg보다 높으면 고혈압이라고 할 수 있습니다. 혈압은 평소에 꾸준히 관리하는 것이 중요합니다. 혈압이 높거나 낮으면 심장 질환이 나타나기 쉬워요.

왜 혈압이 높아질까요? 하수도에 물을 흘려보내면 처음에는 막힌 곳이 없으므로 잘 흘러갑니다. 하지만 곧 머리카락 같은 이물질이 끼어 물의 흐름이 조금씩 느려집니다. 하수도관이 이물질 때문에 좁아졌기 때문이지요. 사람의 혈관도 마찬가지입니다. 아기일 때는 새집처럼 혈관이 깨끗해서 고혈압과 같은 질병이 생기지 않습니다. 하지만 성인이 되면서 혈액 속의 콜레스테롤이라는 지방 성분이 혈관 벽에 달라붙어 혈관이 좁아져요. 혈관이 좁으면 혈액이 흐르기가 쉽지 않습니다. 흘러가는 혈액의 양은 같은데 흘러가는 관이 좁아지니 압력이 높아질 수밖에 없습니다. 그래서 고혈압이 생기는 것이지요. 동맥이라는 혈관은 원래 탄력 있는 튼튼한 혈관인데 고혈압이 생기면 혈관 벽이 굳어서 탄력을 잃게 됩니다. 이런 현상을 '동맥 경화'라고 합니다. 동맥 경화 현상이 심해지면 심장을 둘러싸고 있

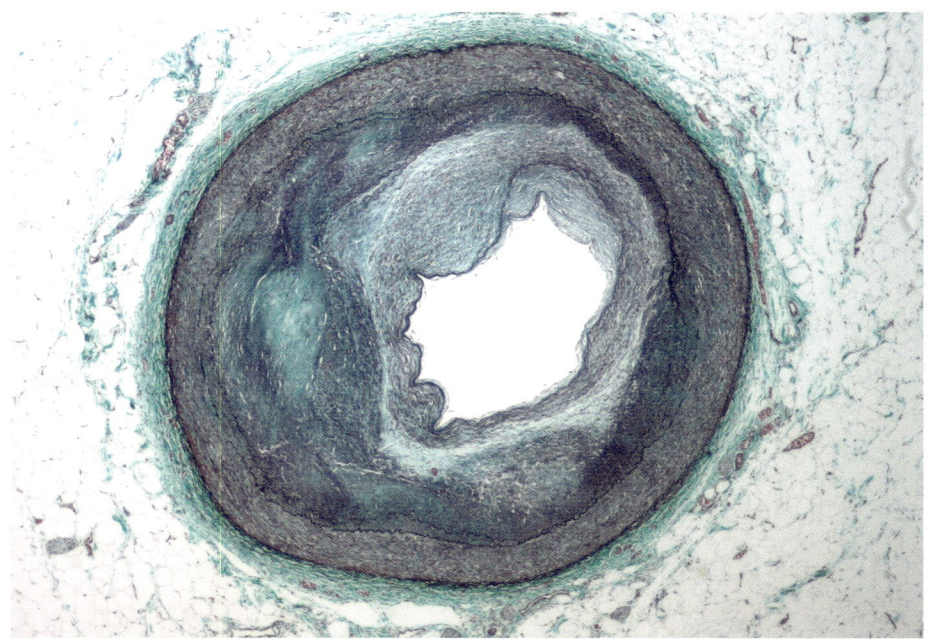

동맥은 세 개의 막으로 이루어졌으며 고무관같이 탄력이 있다. 하지만 점차 노화되면서 탄력을 잃고 벽이 두꺼워진다. ⓒ Nephron@the Wikimedia Commons

는 혈관에 혈액이 잘 흘러들지 못합니다. 심장에 산소가 원활하게 공급되지 못해 제 기능을 못 하게 되지요.

심근 경색

관상 동맥의 가장 안쪽 층은 내피세포가 둘러싸고 있습니다. 내피세포는 혈관, 림프관, 심장의 안벽을 덮는 넓고 평평한 세포를 말해요. 이 얇은 겉껍질과 같은 내피세포가 건강하다면 혈관 속에서 굳어 생기는 조그만 핏덩이인 혈전이 생기지 않습니다. 그러나 당뇨나 고혈압, 흡연 등으로 내피세포가 손상되면 관상 동맥을 따라 흐르던 혈액의 혈소판이 활성화되면서 혈전이 쉽게 생겨요. 이렇게 생긴 혈전이 혈관의 70% 이상을 막아서 심장 근육의 일부가 파괴되는 증상을 심근 경색이라고 합니다. 주로 가슴의 정중앙이나 약간 왼쪽에 치우친 곳이 아프다며 통증을 호소해요. 통증이 몹시 심하기 때문에 가슴을 쥐어짜기도 합니다. 그 밖에 심장 근육이 파괴되지는 않았지만 혈관 속 혈액이 원활하게 흐르지 않아서 가슴에 통증이 생기는 증상을 협심증이라고 합니다.

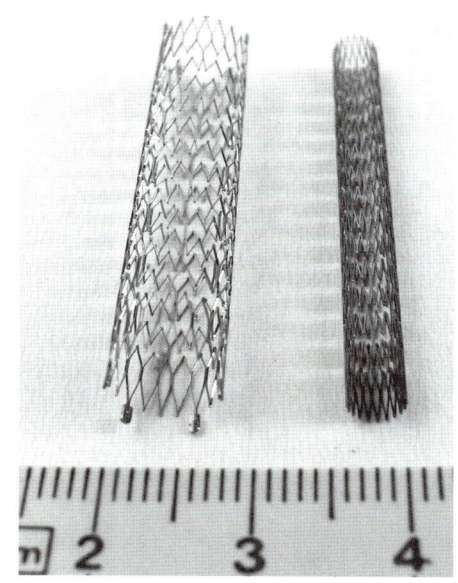
혈관을 넓힐 때 집어넣는 스텐트.
ⓒ Frank C, Muller@the Wikimedia Commons

관상 동맥은 증상에 따라 치료하는 방법이 다릅니다. 만약 혈관이 꽉 막혀 있으면 스텐트라는 기구를 삽입합니다. 혈관 안으로 관을 넣어 풍선으로 넓힌 다음 스텐트라는 철망을 집어넣어서 혈관의 길을 넓히는 것이지요. 혈관이 완전히 막히지 않았다면 약물 치료를 하기도 합니다.

이런 혈관계 질병은 치료보다 예방이 중요합니다. 터진 혈관을 발견했을 때 수술을 통해 제 기능을 할 수 있도록 되돌릴 수는 있지만 혈액 속 당분이나 지방 덩어리들이 계속해서 돌아다니면 재발할 가능성이 크기 때문이에요. 이러한 혈관계 질병을 일으키는 요인으로는 흡연, 고혈압, 당뇨, 비만, 고령, 운동 부족 등이 있습니다. 평소에 짜고 기름진 음식을 피하고 운동을 열심히 해서 혈액 속 지방을 분해해야 해요.

림프관

림프가 흐르는 관을 림프관이라고 합니다. 림프는 복잡한 체제를 갖춘 고등 동물의 조직 사이를 채우는 무색의 액체입니다. 림프관은 정맥과 구조가 비슷하며, 정맥과 같은 방향으로 흐릅니다.

혈소판

골수에 있는 큰 핵 세포에서 만들어지는 작은 세포 조각입니다. 혈액이 굳거나 멈추게 하는 데 아주 중요한 역할을 해요. 특정한 형태가 없으며 핵도 가지고 있지 않습니다. 혈관이 손상되어 피부나 점막 등에 피가 흐를 경우 가장 먼저 활성화됩니다.

혈관계 질병에 좋은 음식들. 왼쪽부터 해조류, 콩, 양파.

혈관계 질병에 좋은 음식으로는 해조류, 콩류, 양파 등이 있습니다. 미네랄 성분이 풍부한 해조류는 물질대사를 돕고 콩, 청국장에 함유된 레시틴, 사포닌, 이소플라본 성분은 핏속 콜레스테롤을 제거하는 효능이 있어 혈액순환에 도움이 되어요. 양파도 콜레스테롤 배출을 유도하므로 꾸준히 먹으면 몸에 무척 좋습니다.

정상 혈압이란 무엇일까요?

　심장은 스스로 박동을 합니다. 박동이란 심장의 수축과 이완을 말해요. 이렇게 수축과 이완을 할 때마다 심장에서 혈액이 빠져나와 혈관으로 미끄러져 내려갑니다. 심실이 수축해서 동맥으로 혈액을 내려보내 주면 갑자기 많은 혈액이 내려와 동맥의 압력이 굉장히 세져요. 반대로 심실이 혈액을 채울 때는 동맥으로 혈액을 내려보내지 않습니다. 그럼 동맥이 비어 있게 되어 동맥의 압력이 낮아지지요. 동맥이 가장 높은 압력을 받을 때는 120mmHg 정도 되고, 반대로 가장 낮은 압력을 받을 때는 80mmHg 정도 되기 때문에 어른들의 정상 혈압은 80~120mmHg 정도가 됩니다.

근처 병원이나 보건소에 들러 종종 혈압을 재 보는 것도 건강을 챙기는 데 도움이 된다.

 뇌졸중

　나이가 들면 몸은 여러 가지 질병의 위협을 받게 됩니다. 가장 빈번한 질병 중 하나가 몸 한쪽을 쓰지 못하는 뇌졸중이에요. 이러한 질병은 혈관에 문제가 생겼기 때문에 나타나는 현상입니다. 팔이나 다리 쪽 혈관에 문제가 생긴 것이 아니라 뇌의 혈관에 문제가 생겼기 때문에 일어나는 병이지요.
　우리의 뇌에는 아주 많은 혈관이 있습니다. 이 혈관들은 뇌에 필요한 산소를 공급하는 역할을 합니다. 앞에서 말한 고혈압 때문에 뇌혈관이 터지거

나 막히면 제대로 산소 공급을 할 수 없어서 뇌는 원래의 역할을 할 수 없게 됩니다. 뇌혈관이 막히는 증상을 뇌경색, 뇌혈관이 터지는 증상을 뇌출혈이라고 합니다. 이러한 뇌혈관 질병을 통틀어서 뇌졸중이라고 해요. 뇌졸중이 생기면 잘못된 혈관 쪽으로 산소가 공급되지 않아 뇌가 손상되기 시작합니다. 뇌출혈일 경우에는 병원에 가기 전에 사망하는 경우도 있습니다.

뇌는 우리 몸의 감각을 받아들이고 명령하며 다른 근육을 움직일 수 있게 해 주는 곳입니다. 이런 뇌가 손상을 입으면 우리의 운동 기관을 제어해 줄 곳이 없어져 움직일 수가 없게 됩니다. 또한 뇌의 손상 부위에 따라서 언어 장애, 시력 장애, 두통이 생길 수 있으며 심할 경우에는 식물인간이 될 수도 있어요.

위염

때때로 아침밥을 거르는 경우가 있습니다. 그 전날 저녁을 7시쯤 먹었다면 위는 열일곱 시간 가까이 비어 있는 셈입니다. 위가 비어 있을 때는 위벽을 보호해 줄 것이 아무것도 없기 때문에 위벽이 상처를 받기 쉬워요. 아무리 작게 상처가 난 곳이라도 세균이 들어가 번지면 배가 뒤틀리듯 아프고 쓰리게 되는데, 바로 이 증상이 위염입니다.

위염은 음식에 의해 생길 수 있습니다. 아주 맵거나 짠 음식을 먹으면 위염 증상이 나타날 수 있어요. 어른들은 가끔 술을 마시기도 하는데, 술을 많이 마시면 위가 스트레스를 받아 병이 나고 맙니다. 위는 민감해서 음식이나 생활 습관에 영향을 받습니다. 꼭 술에 의한 스트레스가 아니더라도 공부를 너무 무리하게 한다거나 생활 습관이 갑자기 바뀌는 경우에도 위에 부담을 줄 수 있습니다.

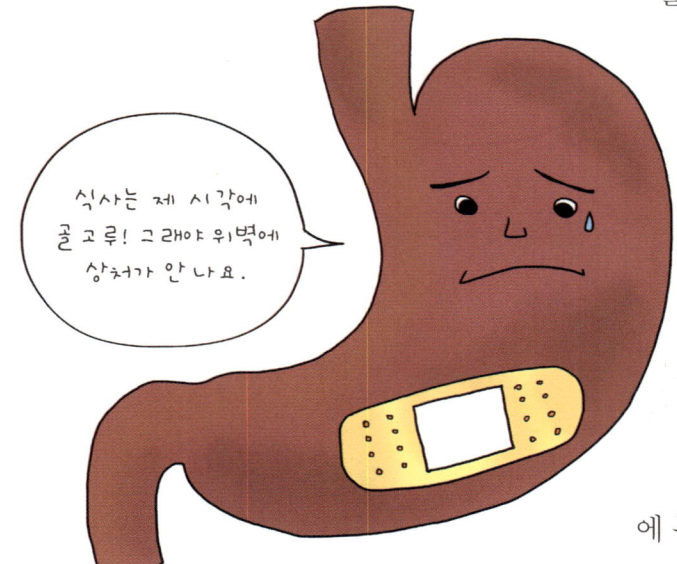

위염에 걸렸을 때는 카페인이 든 커피처럼 자극적인 음식은 피하는 편이 좋다.
ⓒ Ernst Vikne@the Wikimedia Commons

    가벼운 위염 증상이 나타나면 자극이 적은 음식을 먹으며 진정제를 복용하는 편이 좋습니다. 카페인, 술, 등 몸에 좋지 않은 음식은 피하는 것이 좋아요. 하지만 치료보다 더 중요한 것은 예방입니다. 언제나 규칙적으로 식사를 하고 스트레스를 받지 않도록 긍정적으로 사고하는 것이 중요합니다.

변비

대장은 소화 기관 제일 끝 부분에 있습니다. 대장에 이르러서는 이미 소화와 흡수가 끝나 있으므로 별로 할 일이 없습니다. 그래서 대장은 소화하고 남은 찌꺼기를 저장하고 있다가 내보내는 일을 해요.

이 찌꺼기는 대장에서 흡수하는 수분이 얼마 만큼인지에 따라 상태가 달라집니다. 만약 대장에서 수분을 많이 흡수해 남아 있는 수분이 너무 적으면 대장 속에 있는 찌꺼기들은 딱딱하게 굳어 그 속에서 자리 잡고 밖으로 나오기를 거부하지요. 이것이 변비입니다. 반대로 대장이 수분을 적게 흡수해서 남아 있는 수분이 너무 많으면 설사를 하게 됩니다.

우리나라 사람들은 전통적으로 채식 위주의 식사를 했습니다. 하지만 시간이 지나면서 육식 위주 식단으로 점점 바뀌어 갔어요. 그러면서 변비에 걸리는 사람들이 늘기 시작했습니다. 배변을 원활하게 하기 위해서는 섬유소가 필요합니다. 섬유소는 주로 채소 속에 많이 들어 있습니다. 채소를 먹는 양이 줄면 그만큼 섬유소 섭취가 줄어들기 때문에 배변 활동에는 좋지 않은 영향을 줍니다.

운동량이 부족해도 변비에 걸릴 수 있습니다. 운

섬유소

식물성 식품에 들어 있는 성분입니다. 에너지를 낼 수는 없지만 배변을 용이하게 하고 제때에 배설하지 못해서 장 속에 오래 묵어 있는 대변을 제거합니다. 그 밖에 변비를 예방하는 효과도 있어요. 채소류와 곡류, 과일류, 해조류 등에 풍부하게 들어 있습니다.

육식 위주로 식사하면 섬유소 섭취가 부족해서 변비에 걸리기 쉽다. ⓒ Katrin Morenz@flickr.com

동량이 부족하면 장운동이 활발해지지 않아서 연동 작용이 약해지고 대변이 천천히 이동하지요. 연동 작용이란 음식물을 밑으로 밀어내는 운동을 말해요. 그러므로 변비에 걸리지 않으려면 과일이나 채소를 충분히 먹어서 섬유소를 섭취하고 물도 하루에 8~10컵 정도 마시는 것이 좋습니다.

문제 1 심장의 구조를 설명해 봅시다.

문제 2 고혈압은 왜 생길까요? 또 정상 혈압과 고혈압은 어떻게 다를까요?

3. 나트륨 섭취를 최소화합니다. 사냥채를 가지고 놀지 않고 재식기에 박이과 정상적으로 생활하는 반려하는 남성이다. 스트레스도 피해야 합니다. 배버를 예방하려면 산소호흡기가 많이 들어 있는 채소나 과일, 잡곡을 섭취해야 합니다. 장운동이 불충분해지므로 적당한 운동을 해야 합니다.

문제 3

위염과 변비를 예방하는 바른 생활 습관에 대해 말해 봅시다.

정답

1. 심장과 혈관이 각자 역할을 수행하고 있어요. 혈관이 심장과 큰창자를 조문하고, 심장 사이에 있어 심장 박동을 느낄 수 있습니다. 혈관은 심장에서 점점 좁아지고 있으며 끝이 심장 사이에 연결되어 있습니다.

2. 심장이 수축할 때 혈압이 120mmHg로 가장 높습니다. 반대로 이완 시기는 가장 낮은 80mmHg입니다. 따라서 정상 혈압은 80~120mmHg입니다. 혈압이 140mmHg 이상이면 고혈압이라고 할 수 있습니다. 고혈압은 혈관이 좁아져서 생깁니다. 혈관 속의 콜레스테롤이라든지 지방 성분이 혈관 벽에 달라붙어 혈관이 좁아집니다. 이때 혈액이 흘러서 통과되는 공간이 좁아지며 혈압이 높아집니다.

관련 교과
초등 6학년 1학기 4. 생태계와 환경
중학교 3학년 1. 생식과 발생

4. 피부 질병

여러분은 어떤 피부를 갖고 싶나요? 주근깨나 점이 없는 피부, 아니면 하얀 피부를 갖고 싶은가요? 하지만 우리에게는 보기 좋은 피부를 갖는 것보다 건강한 피부를 갖는 것이 더 중요합니다. 어떤 피부가 건강한 피부인지 함께 알아봅시다.

아토피성 피부염

현대인의 피부 질병 중 가장 흔한 질병으로 아토피성 피부염을 들 수 있습니다. 원인은 유전적, 환경적, 체질적 영향 등 아주 많아서 정확하게 한 가지만 꼽을 수는 없지만 요즘에는 무엇보다 환경적인 영향을 많이 받는다고 알려졌습니다. 옛날에는 잘 나타나지 않았던 질병이 요즘에 와서 자주 나타나는 이유는 바뀐 식습관과 생활 환경에 있어요.

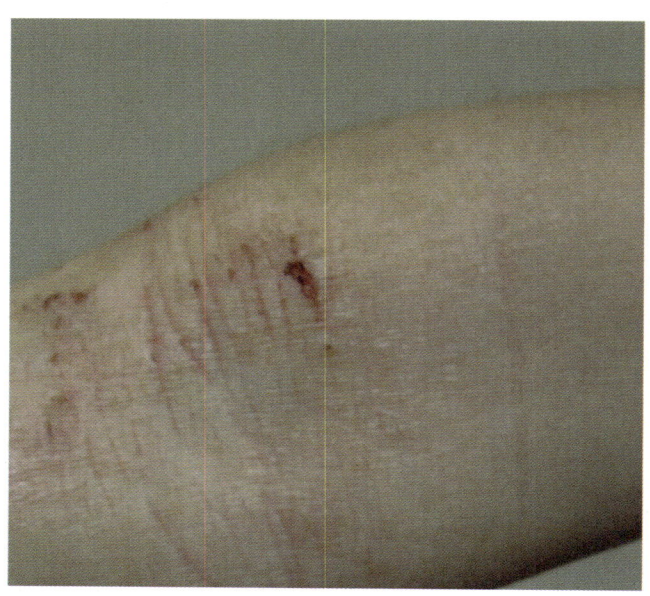

아토피성 피부염을 앓는 사람이 점점 늘어나고 있다.
ⓒ James Heilman, MD@the Wikimedia Commons

태어나면서부터 아토피성 피부염이 심한 경우는 부모님으로부터 물려받은 유전자 때문일 수 있지만 엄마가 섭취한 음식 때문일 수 있습니다. 아토피성 피부염은 섭취하는 음식에 큰 영향을 받거든요. 아토피성 피부염이 있는 사람은 라면이나 햄버거, 밀가루로 만든 과자 등을 먹으면 증상이 더 심해집니다. 주로 계란 흰자, 우유,

아토피를 줄이는 과일과 채소.　　　　　아토피를 키우는 패스트푸드.

　밀가루, 땅콩 등이 아토피성 피부염을 악화시키는 음식물이기 때문입니다. 고기나 유제품에 심한 반응을 일으키는 사람도 있습니다. 그래서 아토피성 피부염을 앓는 사람은 분식이나 패스트푸드를 함부로 먹어서는 안 됩니다.

　심한 스트레스에 의해 아토피성 피부염이 악화되는 경우도 있고, 집 안에 칠한 페인트나 벽지 등의 화학 물질에 의해 나빠지는 경우도 있습니다. 아토피성 피부염은 뚜렷한 원인이 밝혀지지 않았기 때문에 치료법 또한 명확하지 않습니다. 병원에서 치료를 받는 경우도 있지만 항상 올바른 생활 습관을 갖춰 아토피성 피부염을 예방하는 것이 더욱 중요합니다.

　아토피성 피부염이 생겼다면 면으로 된 옷을 입는 것이 좋습니다. 면으로 된 옷을 입어야 피부에 자극이 덜하기 때문입니다. 털옷이나 합성 섬유로 된 옷을 입으면 가려움증이 심해질 수 있으므로 입지 않는 편이 좋습니다. 또 옷을 세탁할 때는 비눗기가 완전히 없어지도록 깨끗이 세탁하는 것이 중요합니다. 비눗기가 옷에 남아 있으면 피부에 자극을 줄 수 있어요. 그리고 무엇보다 실내 공기가 건조해지지 않도록 보습에 신경 써야 합니다. 간혹 보습에 지나치게 신경을 쓴 나머지 여름철인데도 피부에 오일을 바르는 경우가 있어요. 이런 경우 오일이 피부의 땀샘을 막아 오히려 좋지 않습니다. 그 밖에도 실내 공기가 너무 더우면 아토피성 피부염이 심해질 수 있으므로 온도를 적절하게 유지해야 합니다. 또한 집에서 개나 고양이와 같은 애완동물을 키우지 않는 편이 좋습니다. 동물의 털도 아토피성 피부염을 일으키는 요인 중 하나가 될 수 있기 때문이지요.

우리나라에서의 아토피성 피부염

우리나라는 1970년대부터 급속하게 발전하기 시작했습니다. 그때까지만 해도 알레르기에 대해 대수롭지 않게 생각했어요. 알레르기의 대표적 질병인 아토피성 피부염은 지금처럼 흔한 질병이 아니었기 때문에 심각하게 생각하지도 않았지요. 그러다 1980년에 아토피성 피부염을 포함한 알레르기 질병이 폭발적으로 증가하기 시작했습니다.

갑자기 아토피성 피부염이 증가한 이유는 무엇일까요? 급속한 개발로 인한 환경오염, 식품 개발 등을 원인으로 꼽고 있어요. 예전과 달리 위생 상태가 개선되어서 우리 몸의 면역 반응이 아토피성 피부염을 쉽게 일으키도록 변했다는 가설도 있습니다. 그래서 알레르기 질병을 현대병이라고도 해요. 그 밖에도 냉난방 시설이나 비교적 가격이 싼 건축 재료 등 때문에 생긴 오염 물질, 식품 문화의 변화 등등을 이유로 꼽을 수 있습니다.

수두와 대상 포진

수두

수두는 어린아이의 피부에 붉고 둥근 작은 종기가 났다가 물집으로 변하는 바이러스 전염병입니다. 보통 면역력이 약한 두 살에서 여섯 살 사이에 잘 걸립니다. 처음에는 벌레에 물린 것처럼 조금 부어오르면서 물집이 잡히는데, 이 물집이 터지고 딱지가 생기면서 조금씩 아뭅니다. 만약 물집이 생긴 곳을 긁거나 잘못 터뜨리면 흉터가 남습니다. 심하면 물집이 있던 자리가 움푹 파이기도 해요. 요즘은 의료 기술이 발달해서 그런 사람은 거의

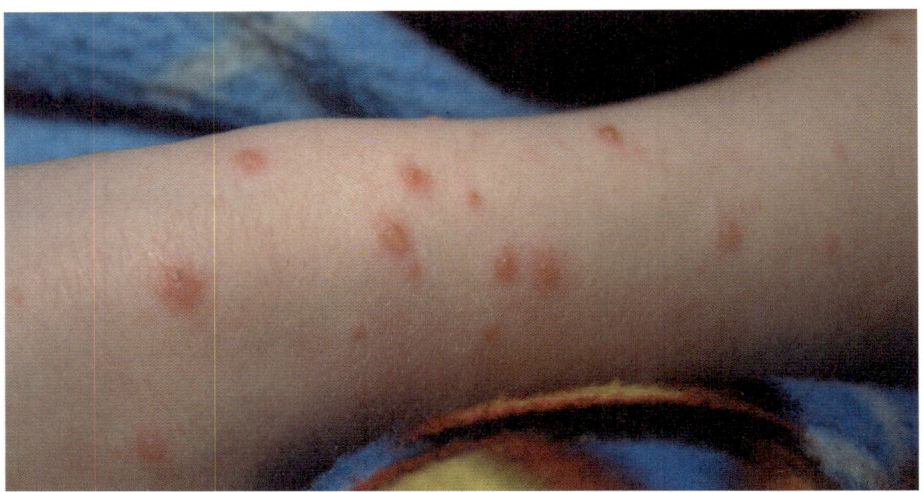

수두를 앓은 자국. ⓒ Jonnymccullagh@the Wikimedia Commons

없지만 옛날에는 몸에 둥그스름하게 패인 수두 자국이 심하게 남기도 했습니다.

수두는 전염성이 있는 병입니다. 물집에 차오른 액체 안에는 바이러스가 들어 있습니다. 그래서 물집이 터지면서 다른 사람의 피부에 닿으면 그 사람 역시 바이러스에 감염될 수 있어요. 또 수두에 걸린 사람이 재채기나 기침을 하면 목에 걸려 있던 바이러스가 튀어나와 다른 사람도 병에 걸리게 할 수 있습니다.

수두에 걸린 사람과 접촉했다면 수두에 걸릴 확률은 높아집니다. 하지만 수두에 걸린 사람과 접촉했다고 곧바로 수두에 걸리지는 않습니다. 왜냐하면 수두에는 잠복기가 있기 때문이에요. 몸에 들어간 수두 바이러스는 바이러스의 활동을 막으려는 우리 몸의 면역 체계와 열심히 싸우는데, 만약 면역 체계가 이기면 수두에 걸리지 않습니다. 하지만 아기 때는 면역력이 아주 약하므로 바이러스가 이길 확률이 커요. 또한 수두에 걸렸어도 면역 체계와 싸우는 동안에는 증상이 나타나지 않습니다. 이런 경우에는 수두 바이러스에 감염되었는지 잘 알 수 없습니다. 이 시기를 잠복기라고 합니다.

대상 포진

어렸을 적에 수두를 치료했다고 해서 다시는 수두에 걸리지 않는 것이 아닙니다. 수두 바이러스가 완전히 없어지지 않고 몸 안에 숨어 있기 때문입니다. 몸이 건강할 때는 수두 바이러스가 우리 몸의 면역 체계 때문에 힘을 못 쓰지만 면역력이 약해지면 다시 활동을 시작합니다. 이때 물집이 다시 생기는데, 물집이 띠 모양으로 늘어선다고 해서 대상 포진이라는 이름

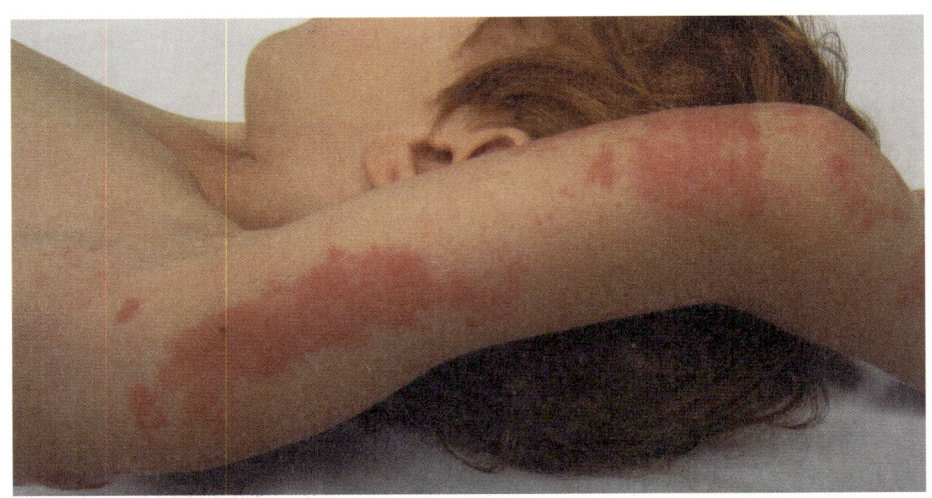
대상 포진에 걸려 띠 모양으로 빨간 물집이 잡혔다. ⓒ James Heilman, MD@the Wikimedia Commons

이 붙었습니다.

　대상 포진에 걸리면 처음에는 마치 감기에 걸린 듯이 미열이 나고 몸이 으슬으슬 추워집니다. 그리고 이상한 감각이나 통증 같은 증상이 나타나다가 붉은 반점이 생긴 뒤 여러 개의 물집이 무리를 지어 나타납니다. 보통 바이러스가 혈관을 따라서 이동하는 경우가 많으므로 몸의 한쪽 부분에 한정되어 통증이 생기고 물집이 잡힙니다.

　문제는 피부의 물집이 치료된 후에도 통증이 계속된다는 점입니다. 면역력이 약한 노인일지라도 보통 1년이 지나면 통증이 사라지지만 경우에 따라서는 몇 년까지 지속되기도 합니다. 또 바이러스가 신경을 따라 눈을 공격해 시신경을 갉아 먹어 앞을 못 보게 되는 경우도 있습니다. 뇌척수막까지 침투하면 뇌막염이라는 질병에 걸리기도 합니다.

예방 접종과 백신

 우리 몸에는 면역 체계라는 것이 있습니다. 우리 몸에 들어왔던 바이러스를 기억하고 있다가 그것을 막을 수 있는 항체를 만들어 세균으로부터 우리 몸을 보호하지요. 항체는 언제나 준비하고 있다가 또 그 세균이 들어왔을 때 우리 몸을 보호하기 위해 싸웁니다.
 예방 접종은 이런 원리를 이용합니다. 우리 몸에 항체를 넣어 주는 것이 아니라 병을 일으키는 원인을 제거했거나 아주 약하게 만든 균을 넣어 면역 체계를 활성화시키도록 도와줍니다. 그 균에 감염되더라도 피해를 입지 않게 하기 위해서요. 우리는 이것을 백신이라고 부릅니다.

 농가진

날씨가 무더워지는 여름철에는 땀이 많이 나고 피부가 끈적거립니다. 이러한 여름철에 어린아이들의 피부에 잘 생기는 질병이 있어요. 바로 농가진이라고 불리는 얕은 화농성 감염입니다. 화농성은 종기가 곪아서 고름이 생기는 성질을 말해요. 농가진에 걸리면 피부에 물집이 잡히고 진물이 납니다. 온몸 어디서나 물집이 생기는데 무척 가렵기 때문에 자주 긁게 되고, 여기저기 긁다 보면 손에 진물이 묻어 다른 피부로 옮아가 전염이 되기도

포도상 구균. 포도송이처럼 세균이 모여 있다.

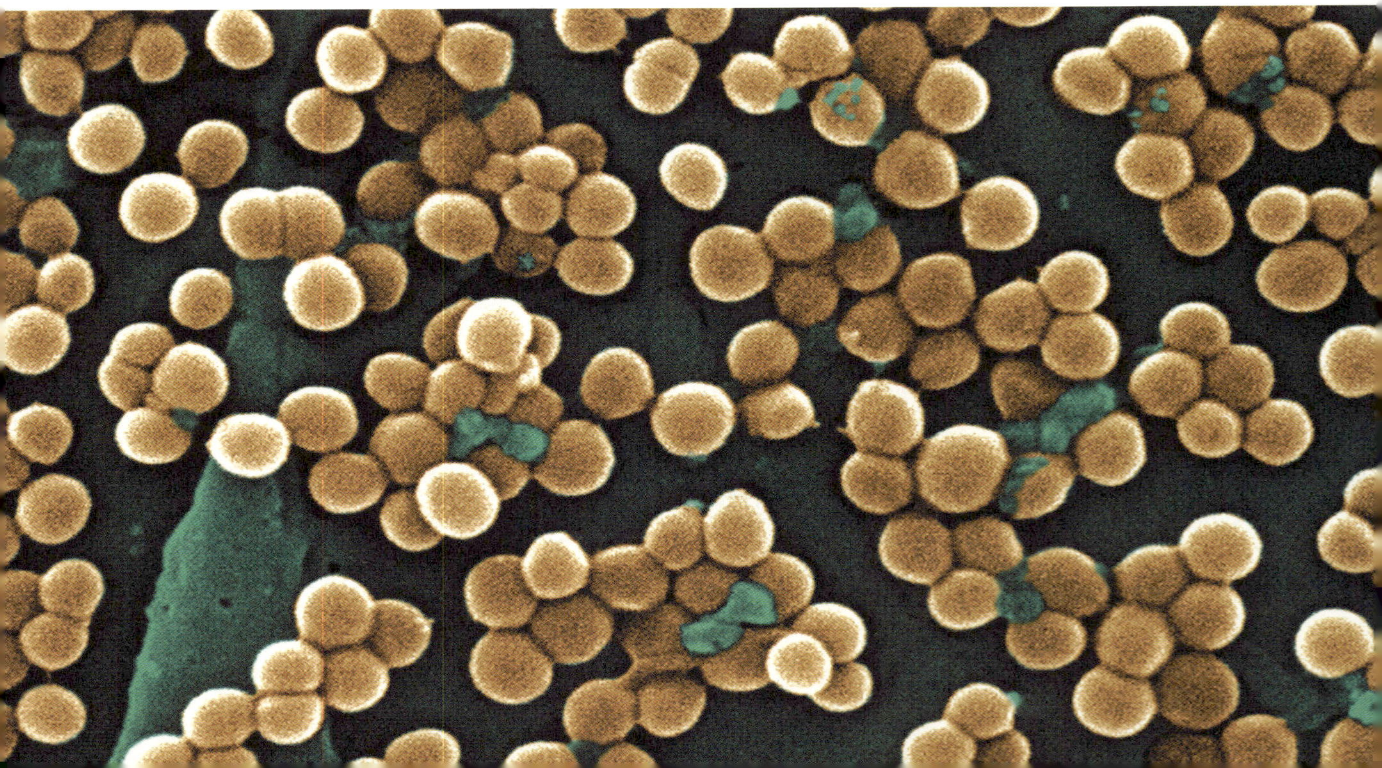

합니다. 그래서 전염성 농가진이라고도 부르지만 대부분 농가진이라고만 불러요.

앞의 수두와 대상 포진이 바이러스에 의한 질병이라면 농가진은 세균에 의해 생기는 질병입니다. 세균은 바이러스보다 크기 때문에 현미경으로도 관찰이 가능해요. 포도상 구균, 연쇄상 구균이 그 대표적인 예라고 할 수 있습니다.

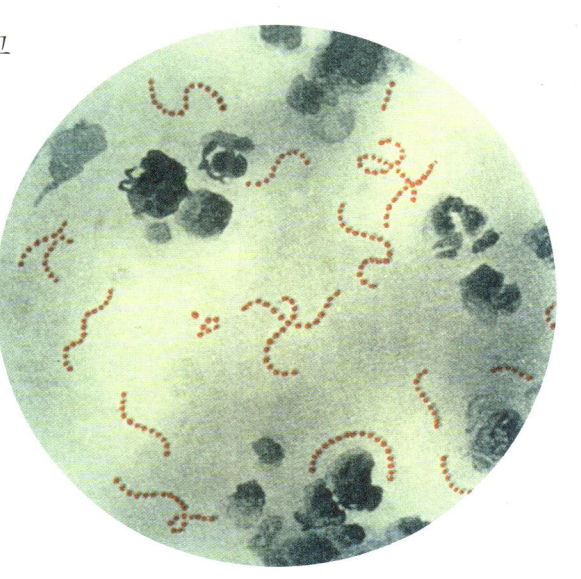

연쇄상 구균은 사슬 모양으로 이어져 있다.

농가진은 두 가지 세균 모두에 의해 생길 수 있습니다. 포도상 구균 때문에 생기는 농가진은 화상을 입은 것처럼 물집이 생겨 온몸으로 번져 나가요. 한번 생기면 빠르게 번져 쉽게 터집니다. 반면 연쇄상 구균은 벌레에 물린 것처럼 벌건 물집이 잡혀 있다가 노란 딱지로 바뀌면서 퍼져 나가지요. 포도상 구균에 비해 느리게 퍼지고 주로 벌레 물린 곳에 잘 생기기 때문에 벌레가 활발하게 활동하는 여름에서 가을 사이에 잘 생깁니다.

바이러스의 발견

바이러스는 담배 모자이크병에 걸린 담뱃잎에서 최초로 발견했습니다. 모자이크 모양으로 얼룩이 생기는 모습을 보고 세균 때문에 병이 걸렸으리라 예상했지요. 그래서 병에 걸린 담뱃잎을 갈아 용매에 녹인 후 세균 여과기에 걸렀습니다. 그리고 밑에 걸러져 나온 용액을 건강한 담뱃잎에 문혀 봤습니다. 그 결과 멀쩡했던 담뱃잎이 모자이크병에 걸렸어요. 세균은 이미 다 걸렀는데 왜 병에 걸린 걸까요? 세균은 걸렀지만 바이러스는 남아 있었던 거죠. 연구 끝에 담배 모자이크병의 바이러스(TMV)를 결정으로 얻어내는 데 성공했고, 그 후 이 결정체는 핵산(DNA 또는 RNA)과 단백질로 이루어져 있음이 밝혀졌습니다.

바이러스가 세균과 다른 점이 몇 가지 있습니다. 세균은 생명체입니다. 아주 작지만 세포로 이루어져 있고 혼자서도 생명 활동을 합니다. 하지만 바이러스는 혼자서 생명 활동을 하지 못 합니다. DNA 같은 것이 있기 때문에 자기 복제를 할 수는 있지만 스스로 생명 활동을 할 때 필요한 효소가 없기 때문입니다. 생명체의 효소를 이용하면 증식을 잘할 수 있어요. 그래서 바이러스

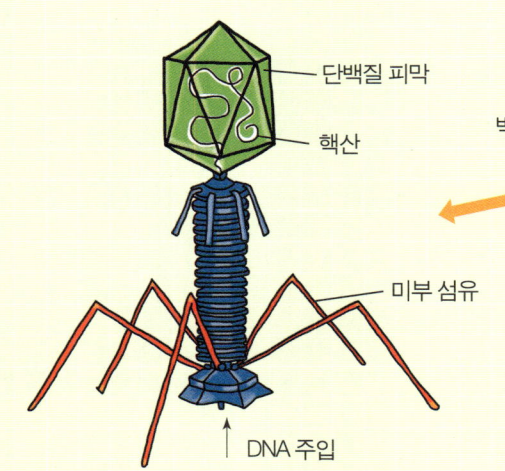

세균을 숙주 세포로 삼는 바이러스를 통틀어 '박테리오파지' 라고 부른다.

는 꼭 생명체에 달라붙어 살아야 합니다. 만약 박테리아가 세균에 달라붙어 살면 박테리오파지라고 부릅니다. 동물에 달라붙으면 동물성 바이러스, 식물에 달라붙어 살면 식물성 바이러스라고 불러요. 가지고 있는 유전자에 따라 DNA 바이러스 또는 RNA 바이러스로 구분하기도 합니다.

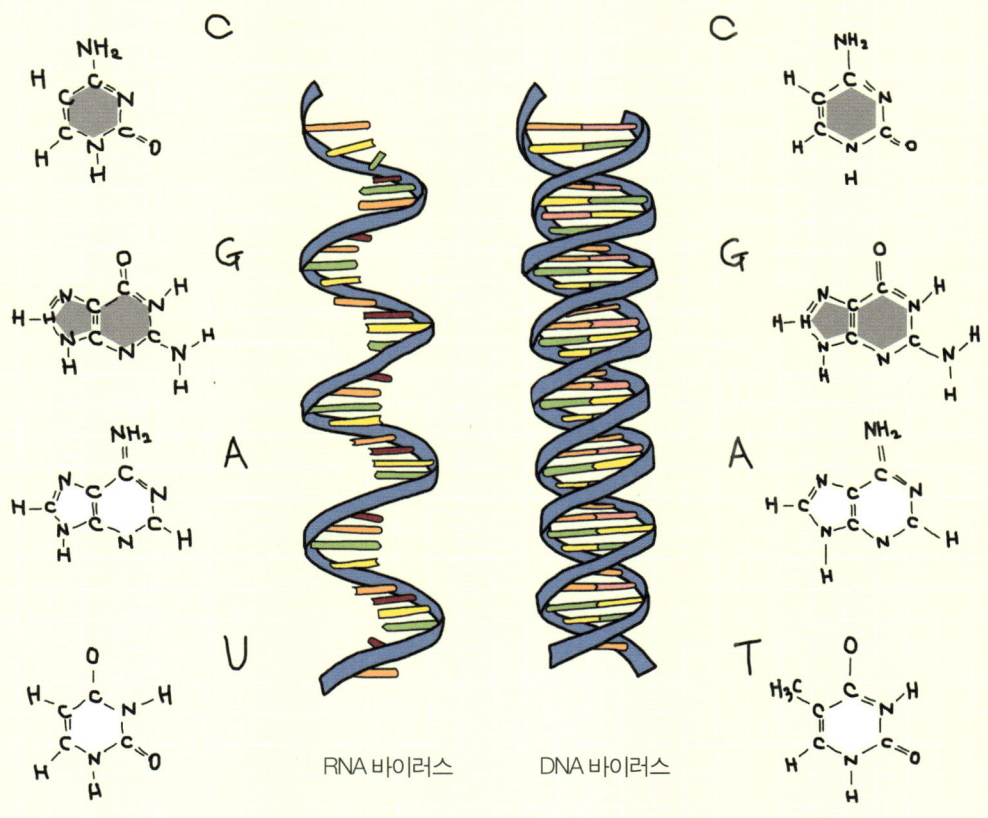

RNA 바이러스는 단일 구조, DNA 바이러스는 이중 나선 구조 형태를 하고 있다.

문제 1 아토피성 피부염에 대해 설명해 봅시다.

문제 2 수두와 대상 포진의 차이점은 무엇일까요?

3. 예전에는 아이들의 피부 및 생식 기관 등을 침범합니다. 홍반성 발진이 중기가 생겨나 그물 모양의 붉은 홍반을 띠며, 속이 곪은 물집이 잡히고 진물이 나기도 합니다. 아토피아 피부염은 주로 얼굴, 목, 몸통, 사타구니, 팔다리 안쪽에 물집이 잡힙니다. 가려움증 때문에 자꾸 긁기 시작하면 보통 3세 이전에 생기기 시작해 나이가 들면 피부가 검고 두꺼워지고 갈라지는 주름살이 잡힙니다. 그래서 치료하여도 잘 낫지 않는 만성적인 피부 질환으로 재발을 잘 합니다.

문제 3 농가진이란 무엇일까요?

정답

1. 아토피성 피부염이 악화되거나 황색포도상구균과 사슬알균 등의 원인균 피부 감염입니다. 우리나라에서는 곪은 경피 발진이 아토피가 아닌데도 생깁니다. 장액을 담은 듯한 물집을 형성하기도 하고 지질한 장체를 이루는 경우도 있는 등 발진의 형태는 다양합니다.

2. 수두 때에 생기는 작은 발진이 곪기도 합니다. 이 발진이 타인의 몸속에 들어 있는 바이러스가 다른 사람에게 옮아가 장염됩니다. 이 수두 바이러스가 완전히 사라지지 않고 몸이 약해졌을 때에 다시 수포성 수두를 발생시키는 나타내는 이 장염을 대상 포진이라고 일컫습니다. 또한 바이러스를 옮기는 ...

관련 교과
중학교 1학년 4. 생물의 구성과 다양성
중학교 2학년 4. 소화와 순환, 7. 호흡과 배설

5. 그 밖의 질병

가벼운 감기부터 무시무시한 암까지 우리가 걸릴 수 있는 질병의 종류는 아주 많습니다. 대부분의 질병은 세균이나 바이러스에 의해 생겨요. 우리 몸에 존재하는 세균들은 어떠한 때에 질병으로 나타나는 것일까요? 바로 우리 몸이 허약해졌을 때입니다. 어떠한 세균과 바이러스가 약해진 우리 몸을 괴롭히는지 함께 알아봅시다.

장염

장염이란 대부분 음식 섭취와 관련해서 장에 염증이 생기는 질병입니다. 크게 세균성과 바이러스성으로 나눌 수 있어요. 어린아이들이 걸리는 장염은 주로 바이러스성 장염입니다. 보통 2~3일 정도 설사를 하는 증상이 나타나는데 설사에 혈액이 섞여 나오면 세균성 장염을 의심해 봐야 합니다. 며칠 동안 설사와 구토를 반복하기 때문에 몸에서 수분이 모두 빠져나가 위독해지는 경우도 종종 있어요. 그러므로 여덟 시간 정도 소변을 보지 않았다면 빨리 병원으로 가야 합니다. 만약 병원에 갈 수 없다면 이온 음료를 마시는 것이 좋아요. 우리 몸 대부분이 물로 이루어져 있다는 사실을 잘 알고 있지요? 우리 몸에 있는 물은 맹물이 아니라 무기 염류가 녹아 있는 전해질 상태의 물입니다. 이온 음료가 바로 이 전해질과 성분이 비슷해서 그냥 물을 마시는 것보다 훨씬 몸속 흡수가 빨라요. 용액의 농도가 다르면 같아질 때까지 시간이 좀 걸리겠지요?

만약 이온 음료를 준비하지 못했다면 미지근한 물에 소금을 약간만 타서 마시면 좋습니다. 짠맛이 나지 않도록 아주 조금만 넣어야 해요. 찬물은 절대 금물입니다. 찬물은 장을 자극해서 장운동을 더욱 활발하게 합니다. 가뜩이나 설사를 하는데 장이 자

> **전해질**
>
> 물에 녹아서 전기를 통하게 하는 물질입니다. 열이나 전기가 이동하는 성질을 지녔어요. 대표적인 전해질로는 소금물이 있습니다.

극을 받으면 좋지 않아요. 그리고 나을 때까지 쌀과 물로만 만든 멀건 죽을 먹으면서 회복을 기다려야 합니다.

장염을 예방하기 위해서는 청결을 유지해야 합니다. 깨끗하게 위생 관리를 해서 세균과 바이러스의 활동을 막아야 해요. 무엇보다 음식물 관리가 중요합니다. 음식물은 완전히 익히고 조리되었던 식품이라도 다시 가열해서 먹어야 합니다. 재료가 조금이라도 상한 듯이 보이면 조리하지 않는 편이 좋습니다. 꼬박꼬박 냉장 보관을 하는 것도 무척 중요해요.

볼거리

이하선

귓바퀴 앞의 아래쪽에 위치한 사각뿔처럼 생긴 큰 침샘을 말합니다. 이하선에서 나오는 침은 끈끈하지 않고 물같이 맑으며, 단백질과 효소가 풍부합니다.

유행성 이하선염을 한방에서는 볼거리라고 부릅니다. 볼이 부어오르는 증상을 보이기 때문에 생긴 이름이에요. 볼거리에 걸리면 열이 나고 두통이 생겨서 감기 증상과 헷갈릴 수 있습니다. 하지만 볼거리는 감기와 달리 이하선이 붓습니다.

볼거리는 바이러스에 감염이 되어 나타나는 질병인데 감염이 되더라도 바로 볼이 부어오르지는 않습니다. 바이러스가 몸 안에서 면역 체계와 싸우는 잠복기는 보통 2주 정도 되어요. 그 사이에 바이러스가 이기면 몸이 아프기 시작합니다.

볼거리를 빨리 치료할 수 있는 특효약은 없습니다. 5일 정도 지나면 자연스럽게 치료되기 때문이에요. 대신 편히 쉬면서 얼굴에 냉찜질을 해 주면 훨씬 나아집니다. 볼거리에 걸리면 입을 벌리기가 힘드므로 부드러운 음식을 먹는 것이 좋습니다.

드물게 바이러스가 뇌척수막으로 들어가 뇌막염을 일으키기도 합니다. 뇌막염의 증상으로는 두통과 구토, 경련 등이 있는데 이런 증상이 나타날 경우에는 빨리 의사 선생님과 상담해야 합니다. 볼거리는 주로 면역력이 약한 어린아이들이 걸리지만 성인도 걸릴 수 있어요. 성인이 걸렸을 때는 고환염이나 난소염이 생길 수 있어 불임의 원인이 되기도 합니다.

볼거리는 쉽게 전염되기 때문에 볼거리에 걸리면 바깥출입을 삼가고 손과 발을 청결히 해야 합니다. 만약 볼거리에 걸린 적이 있다면 '또 걸리면 어떡하지?' 하며 고민하지 않아도 됩니다. 한 번 걸리면 몸에 항체가 생겨 바이러스를 막을 수 있습니다. 또 볼거리는 예방 접종 백신이 있으므로 주사를 맞으면 평생 면역이 되어서 볼거리에 걸리지 않습니다.

뇌사와 식물인간

대부분의 질병이 세균이나 바이러스 때문에 생기지만 뇌사나 식물인간은 큰 사고 때문에 생기는 경우가 많습니다. 교통사고와 같은 사고가 나면 신체에 가해지는 커다란 충격 탓에 머리를 다칠 수 있어요. 뇌는 우리 몸을 통제하는 매우 중요한 부분입니다. 뇌를 다치면 생명에 지장이 없는 경우더라도 정상적인 활동이 불가능할 수 있습니다.

우리의 뇌는 여러 부분으로 구성되어 있습니다. 대뇌, 소뇌, 중뇌, 간뇌, 연수, 척수 이렇게 여섯 부분으로 나뉘는데 이것들을 통틀어 중추 신경이라

■ 뇌의 구조

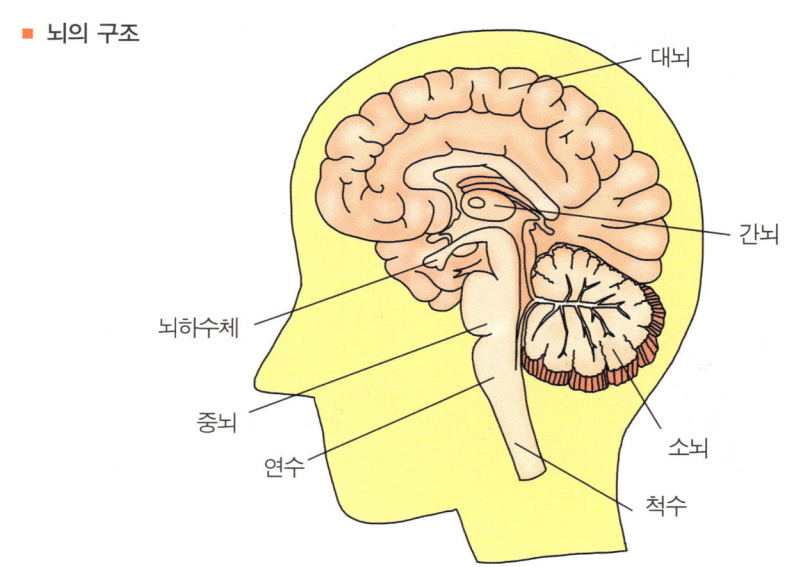

고 부릅니다. 그중에서도 중뇌, 간뇌, 연수를 묶어 뇌간이라고 부르는데 이곳은 생명 활동을 직접적으로 담당하는 곳입니다. 뇌간은 호흡, 심장 박동 등을 조절하는 아주 중요한 부분이에요. 뇌사란 이 뇌간의 기능이 정지된 상태를 말하며 교통사고나 각종 뇌 질환 등으로 인해 발생합니다. 뇌사 상태가 되면 호흡이 정지되고 혈액 순환에 장애가 생기지만 심장 박동은 계속되어요. 그래서 서둘러 인공호흡기를 통해 산소를 공급해 주면 살 수도 있습니다. 하지만 대사 기능이 점점 저하되어 그리 오래 살 수는 없습니다.

이에 비해 식물인간은 호흡과 소화, 흡수, 순환 등의 기능은 유지하는 환자를 말합니다. 다른 모든 뇌의 기능은 정상이고 대뇌의 기능만 마비된 상태이기 때문입니다. 따라서 인공호흡기를 달아 줄 필요도 없어요. 다만 음식을 씹어 먹거나 배설은 혼자 할 수 없기 때문에 따로 영양분을 공급해 주어야 하고 배설도 해결해 주어야 합니다. 증상이 심하지 않은 경우 뇌사와 달리 식물인간 상태에서 깨어나 정상적인 생활로 돌아갈 수도 있습니다.

# TIP 요건 몰랐지?

뇌사는 살아 있는 상태인가요?

　뇌사 상태의 사람을 살아 있다고 할 수 있을까요? 인공호흡기를 떼면 혼자서 숨을 쉴 수 없으니 살아 있다고 하기에 어려운 부분이 있습니다. 그래도 호흡기를 부착해 놓으면 숨을 쉴 수 있기 때문에 죽었다 하기도 애매하지요. 호흡을 유지하기만 하면 몸의 기능이 완전히 멈추지는 않으므로 아직도 뇌사에 대한 의견이 분분합니다. 가장 민감한 부분은 뇌사 환자의 장기 이식 문제입니다. 다른 병으로 고생하는 환자들에게 장기를 이식해 주려면 뇌사 상태를 죽은 것으로 인정한다는 뜻이므로 몹시 신중해야 합니다. 아주 드물게는 다시 의식을 회복하는 경우도 있기 때문입니다.

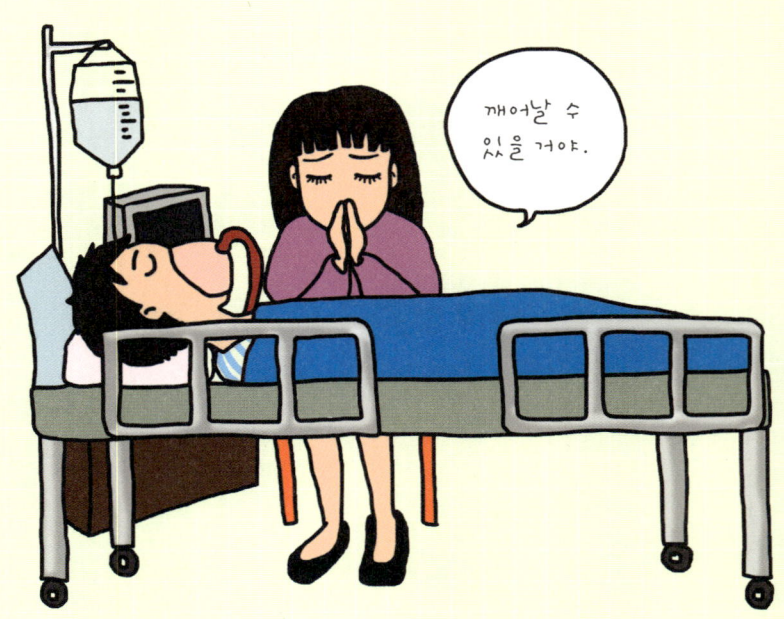

알츠하이머

알츠하이머란 퇴행성 뇌 질환으로, 노인들이 잘 걸리는 병입니다. 보통 '치매'라고 부르는데 치매와는 조금 다릅니다. 치매는 알츠하이머뿐만 아니라 고혈압, 당뇨, 심장 질환 등이 원인이 되어 발생할 수 있기 때문이에요. 그에 반해 알츠하이머는 대부분 60대 이상에서 발견됩니다. 이 병은 아무도 모르게 시작되어 아주 천천히 진행됩니다.

초기에는 새로운 정보를 깜빡 잊어버리는 경우가 많고 했던 말을 또 하기도 하며 물었던 질문을 계속하기도 합니다. 또 문을 닫았는지 열었는지, 가스 불을 켰는지 껐는지 등 아주 일상적인 일을 잊어버립니다. 오래된 일은 대개 기억하지만 방금 있었던 일은 잊는 경우가 많습니다. 하지만 시간이 지날수록 기억력이 감퇴되어 자주 다니는 길을 잃어버리거나 평생을 함께한 가족을 기억하지 못하는 경우도 생깁니다. 자신이 누구인지 잊어버리거나 우울증이 생기기도 하지요. 우울증이 심각해지면 행동이 과격해지기도 합니다. 더 심해지면 주위 사람들과 대화도 못 할 지경에 이를 수 있어요. 결국 혼자서는 아무것도 할 수 없게 되면 일상적인 생활까지 다른 사람의 도움을 받아야 합니다.

퇴행성

생물체의 기관이나 조직이 일정한 단계에 도달한 후 점점 단순화되거나 크기 감소, 기능 저하되는 성질을 말합니다. 주로 나이가 들면서 몸이 약해져 생기는 질병으로 알려져 있습니다. 대표적인 퇴행성 질병으로는 관절의 연골이 손상되어 생기는 퇴행성 관절염이 있습니다.

　알츠하이머는 치료보다 예방이 훨씬 중요합니다. 건강한 일상생활을 통해 상당 부분 예방할 수 있어요. 알츠하이머에 걸리지 않으려면 뇌가 퇴화되지 않도록 평소에 사람을 많이 만나고 대화도 많이 하는 것이 좋습니다. 즐겁게 할 수 있는 일이나 취미 활동을 꾸준히 하고 적절한 운동과 수분 공급으로 뇌 활동을 활발하게 하는 것도 중요합니다.

어떻게 기억할까요?

　기억은 크게 즉각 기억, 단기 기억, 장기 기억으로 나눌 수 있습니다. 지금 당장 일어난 일을 몇 초 정도 기억하는 것을 즉각 기억이라고 합니다. 10~15분 정도 이전에 일어난 적은 양을 기억하는 것은 단기 기억이라고 해요. 이 단기 기억을 반복하면 장기 기억으로 만들 수 있습니다.

　우리는 흔히 수업 시간에 들은 내용을 단기 기억으로 가지고 있다가 시험 기간에 반복적으로 암기를 해서 장기 기억으로 만듭니다. 장기 기억은 뇌의 '해마'에서 담당합니다. 해마는 뇌 속에서 정보를 선택하고 기억하는 것을 담당하는 곳이에요. 그래서 이 해마가 큰 사람들은 기억력이 좋다고 합니다.

■ 해마의 위치

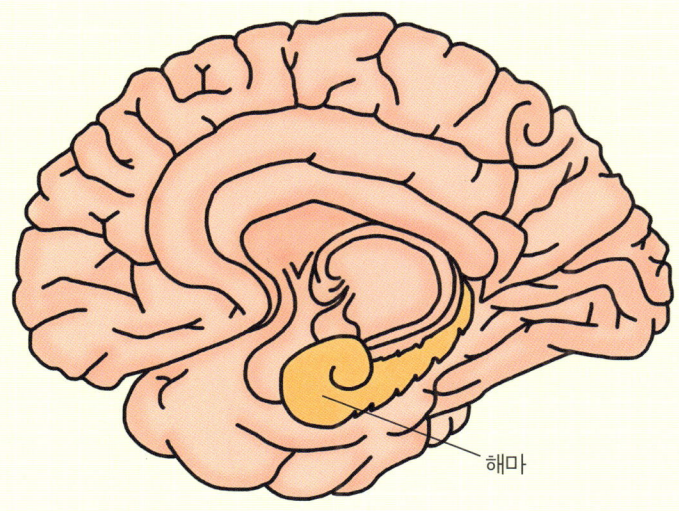

 # 방광염

소변의 생성

우리의 몸은 산소와 영양분이 필요합니다. 몸 구석구석에서 많은 활동을 하는데 이 활동이 끝나면 찌꺼기가 남아요. 찌꺼기 중 이산화탄소는 날숨을 통해 몸 밖으로 나가고 나머지 찌꺼기는 혈액 속을 돌아다니다가 신장으로 들어갑니다. 신장은 혈액 속의 필요 없는 노폐물을 밖으로 내보내기 위해 준비하지요. 필요한 성분이 밖으로 나가면 안 되기 때문에 꼼꼼히 준

■ 소변을 몸 밖으로 나가게 만드는 기관들

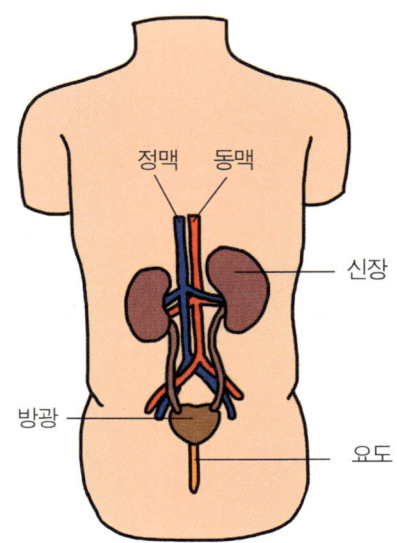

비를 합니다. 그런 다음에 수분과 함께 필요 없는 노폐물을 내보내는데, 이것이 바로 소변입니다.

소변은 신장에서 만들어져 수뇨관을 따라 이동해 방광으로 갑니다. 수뇨관과 방광이 연결되는 부위에는 근육이 있어요. 신장에서 소변을 내려보내 줄 때는 이 근육이 늘어나면서 소변이 내려오고 다 내려보내면 근육이 줄어들어 방광으로 내려간 소변이 다시 수뇨관으로 올라오지 못하도록 합니다. 이렇게 내려간 소변은 방광에 조금씩 차 있다가 어느 정도 차게 되면 뇌에 신호를 보냅니다. 그때 우리는 화장실에 가고 싶다고 느끼게 되지요.

방광염을 일으키는 세균

방광염은 세균에 의해 방광에 염증이 생기는 질병을 말합니다. 주로 남성보다는 여성에게 더 흔히 발병합니다. 남성은 소변이 나오는 부분이 앞으로 길게 뻗어 있지만 여성은 평평하게 되어 있어 세균에 쉽게 감염될 수 있어요.

그렇다면 세균은 어디에서 오는 걸까요? 바로 항문입니다. 항문 주위에는 대장균이라는 세균이 있는데, 이 세균은 항문에 있을 때는 질병을 일으키지 않다가 방광에 들어가서 문제를 일으켜요. 세균이 방광까지 이동하는 것은 별로 어려운 일이 아닙니다. 우리가 화장실에서 휴지로 항문을 닦아낼 때 휴지에 세균이 묻어 방광 쪽으로 이동할 수 있어요. 남성들의 경우는 음경이 중간에서 막아 주기 때문에 세균이 덜 묻지만 여성들은 막아 주는 부위가 없어 세균이 쉽게 묻습니다.

세균이 방광으로 들어갔다고 해서 쉽게 번식할 수는 없습니다. 왜냐하면 소변이 수시로 흘러 나가므로 세균도 같이 쓸려 내려가 방광 벽에 붙어 있기가 어렵기 때문입니다. 그런데 우리가 소변이 마려운데도 너무 오래 참으면 소변이 방광 안에 고여서 세균이 번식하기 좋은 환경이 되어요. 이렇게 해서 늘어난 세균 때문에 방광염이 생깁니다. 또한 너무 피곤하거나 몸이 약해졌을 때도 방광염이 생길 수 있습니다. 이런 경우는 면역력이 떨어져 세균에 감염되었을 때 세균의 힘을 당해 내지 못하는 것이지요. 그래서 방광염이 생기게 됩니다.

방광염에 걸리면 화장실에 자주 가고 소변을 누어도 시원하지가 않으며 몸속에 소변이 남아 있는 듯한 기분이 듭니다. 또 소변을 눌 때 통증을 느끼거나 심하면 피가 섞여 나올 때도 있어요. 이럴 때 물을 많이 마시면 좋습니다. 물을 많이 마시면 소변을 더 자주 누게 되고 방광 속에 번져 있는 세균이 소변에 의해 흘러 나갈 수 있습니다.

만약 증상이 심하다면 병원에서 처방을 받아 항생제를 먹어야 합니다. 하지만 항생제에 의해 세균이 길들면 항생제의 양을 더 늘려야 세균이 죽

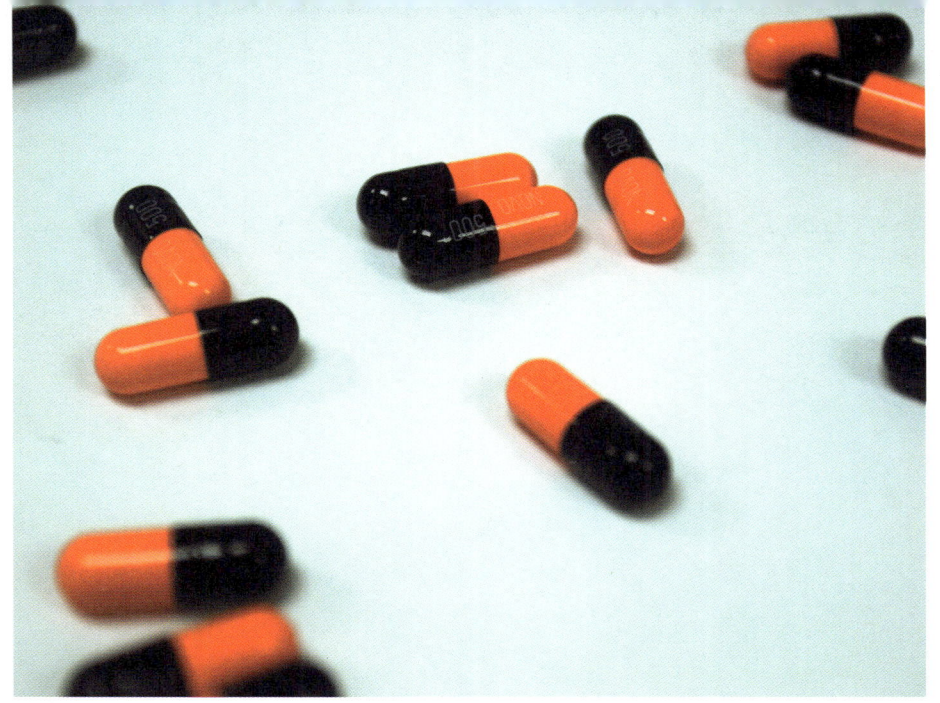

항생제 ⓒ Martin Cathrae@flickr.com

기 때문에 약을 너무 자주 먹어도 좋지 않아요. 그러므로 항생제를 먹을 때는 꼭 의사 선생님과 상의해야 합니다.

항생제는 1928년 포도상 구균을 연구하다가 곰팡이에서 세균의 증식을 억제하는 기능을 그대로 지닌 물질을 발견하면서 처음 개발되었습니다. 플레밍은 이것을 페니실린이라고 불렀습니다. 그 후 1940년 영국의 학자 플로리와 체인이 페니실린을 분말로 만드는 데 성공함으로써 항생제는 널리 쓰였어요. 하지만 항생제를 마구 쓴 탓에 항생제에 죽지 않는 새로운 균들이 출현해서 새로운 의약품의 개발이 시급해졌습니다. 그러니 방광염과 같은 질병에 걸렸을 때도 항생제는 꼭 필요한 만큼만 먹어야 해요.

알렉산더 플레밍
Alexander Fleming, 1881~1955

영국의 미생물학자입니다. 그는 1922년에 동물의 조직, 침, 눈물, 알의 흰자위 등에 들어 있는 효소인 라이소자임을 발견합니다. 라이소자임은 세균의 감염을 막는 역할을 해요. 그뿐만 아니라 플레밍은 1928년에 푸른곰팡이를 발견하고 페니실린이란 이름을 붙였습니다. 페니실린 연구로 노벨상을 받았어요.

약물의 특성

약물은 우리를 질병에서 지켜 주는 고마운 발명품입니다. 하지만 약물을 너무 자주 먹거나, 의사나 약사와 상의 없이 마음대로 먹으면 부작용이 생겨요. 먼저 약물을 너무 많이 사용하면 의존성이 생깁니다. 원하는 효과를 얻기 위해 계속 약물을 먹으면 그 약물이 없을 때 왠지 불안한 마음이 들어 조금만 불편해도 약물을 찾게 되는 심리적 불안 증상을 불러올 수 있습니다.

또 약물을 반복적으로 사용하면 약물에 대한 몸의 저항력이 생겨 차츰 효과를 볼 수 없는 경우도 있습니다. 처음에는 한 알만 먹어도 금방 증상이 나아지던 것이 나중에는 두 알, 세 알로 양을 늘려야만 하는 경우가 생길 수 있습니다. 만약 약물을 꾸준히 먹어야만 하는 경우라면 그 약물을 중단했을 때 금단 증상이 나타나기도 합니다. 금단 증상이란 약물 중단으로 인해 생기는 정신 이상 증세를 말해요. 불안하고 초조한 증상이 나타나는데, 약물을 복용하면 증세가 나아집니다. 그래서 중독자들은 필사적으로 약물을 구하려고 합니다. 대표적인 예로는 마약 중독을 들 수 있습니다.

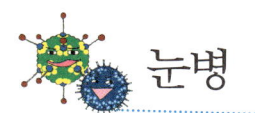 # 눈병

가끔 수영장에 다녀오면 눈이 빨갛게 충혈될 때가 있습니다. 눈병에 전염되었기 때문이에요. 바닷물은 흐르지만 수영장 물은 고여 있으므로 눈병을 일으키는 바이러스가 둥실둥실 떠다니다가 우리 눈을 공격하는 것입니다. 이렇게 우리를 공격하는 바이러스로는 아데노바이러스(유행 결막염)와 엔테로바이러스(아폴로 결막염)가 있습니다. 이 바이러스가 우리를 공격해 오면 눈에 눈곱이 많이 끼고 빨갛게 충혈되며 무언가 들어간 것 같은 이물감이 느껴지고 눈물이 나는 등 여러 가지 증상이 나타납니다.

눈병은 공기 중으로는 전염되지 않고 접촉으로 인해 전염됩니다. 사람들이 옷을 많이 입고 손을 자주 만지지 않는 겨울보다는 수영장같이 사람이 많은 곳에서 사람과 사람이 자주 스치는 여름에 주로 전염되지요. 눈병에 걸리지 않으려면 항상 손을 깨끗이 씻고 수영장 같은 곳에서 놀 때 절대 눈을 비비지 말아야 합니다.

문제 1 장염의 증상에 대해 설명하고 처치 방법을 말해 봅시다.

문제 2 뇌사와 식물인간은 어떻게 다를까요?

3. 장기간 음식이 마주쳐 진입이 되지 마이크라식 장해이지만 장기다 들기 이온성이 식어집니다. 망에이 아픈 아이들에게 주로 감기 기운 지 2주 정도 지나 후 흉이 나타납니다. 5일 정도 지나면 자연스럽게 치료되므로 별 걱정은 없어요.

🧒 **문제 3** 볼거리란 무엇인가요?

정답

1. 주로 바이러스성 감염으로 유행성 이하선염이 나타납니다. 처음 2~3일은 몸의 컨디션이 나빠진 것 같지만, 곧 볼의 침샘이 부어오릅니다. 보통 한쪽이 먼저 부은 다음 마지막으로 다른쪽이 붓게 됩니다. 그리고 나흘 내지 열흘쯤 되면 원래의 모습으로 되돌아와요.

2. 시기는 주로, 가장 자주 나타나는 유행성 이하선염은 감기와 같은 증상을 보입니다. 그렇기 때문에 인후통을 느끼면서 감기에 걸린 것 같지만 시간이 지나면 사람들에게 알려진 것과 같이 침샘이 붓게 됩니다. 그래서 다른 친구들에게 옮기지 않고 자기가 유행성 이하선염에 걸렸다는 것을 알게 됩니다.